まるごと1冊！
ドラムフットワーク

長野 祐亮 著

まえがき

　ドラム・セットは両手両足をフル活用して演奏する楽器ですが、その中でも足の占めるウエイトは非常に大きいものです。卓越したドラマーのバス・ドラムは、まるで心臓の鼓動ようにビートを力強くプッシュして躍動感に満ちたリズムを生み出し、フィルインにおいても巧みに足技を絡めて、立体感に富んだスリリングなフレーズを繰り出していきます。また近年はドラマーのテクニックの進化が著しいのですが、それも足技のレベルが急速に上がったことが大きく関わっていると思います。筆者も日頃、"足の調子が良い時は演奏が良い！"という実感を持っていますが、同時に足というものは手のように器用ではなく、自分の意志を伝えるのがなかなか難しいと感じます。そして奏法も人によって千差万別であり、自分に合っている奏法や効果的な練習法が解りにくいという面もあります。

　本書では奏法と練習課題のどちらも幅広いバリエーションを取り上げて解説しました。奏法に関しては、全てを完全マスターする必要はないですが、色々と試す中から自分のしっくりくるものを発見して欲しいと思っています。エクサイズの難易度も幅広いですが、記載順に取り組む必要はなく、まずレベルにあったものや興味ある課題から手を付けてください。参考までに以下に初心者へのお薦めメニューを紹介しておきます。全てのエクササイズは、音源のテンポにこだわらず、必ずゆっくりから始めて、慣れたら徐々にテンポ・アップしていきましょう。そして根気強く脚の神経を強化する気持ちで取り組んで、安定感のある多彩なフット・ワークを身につけて欲しいと願っています。

**▶▷ 初心者への
　　お薦めエクササイズ**

第2章　バス・ドラムのバリエーション
1. 一つ打ち (P26)

第3章　ハイハット奏法のバリエーション
1. スティックで叩く際のフット・ワーク (P42)
2. 踏んで音を出す際のフット・ワーク ▶ フット・クローズ (P46)

第4章リズムの中でのフット・コントロール
1. ベーシックなビート ▶ 8ビート (P54)
3. バス・ドラム・パターン・サンプル集 ▶ 8分音符集 (P65)

第5章メカニカル・エクササイズ
1. 片足ずつのエクササイズ (P70)
2. 両足のエクササイズ ▶ 左足のリズム・キープ① (P73)
3. 手足のコンビネーション・エクササイズ①〜④ (P75)

第7章　フレーズを彩るためのハイハット・テクニック
1. ハイハット・オープン・クローズ奏法 ▶ 8ビート (P92)

第8章フィルインにの中でのフット・コントロール
1. 8分音符の手足のコンビネーション (P102)

第9章フット・ワークのためのエチュード
2. 両足のコンビネーション練習曲 (P117)

第1章
**フットワークの
基礎知識**

1. フット・ペダル、ハイハット・スタンドの
仕組みを知りましょう ···································· 10
▶ フット・ペダル ▶ ツイン・ペダル ▶ ハイハット・スタンド

2. セッティングについて ································· 17
▶ フット・ペダル ▶ ハイハット・スタンド ▶ 左右のペダルの位置

3. フォームについて ··································· 19
▶ イスの高さ ▶ ペダルとの距離 ▶ 左右のペダルの幅
▶ 椅子に座る位置 ▶ 上体 ▶ 足を置く位置
▶ 足の乗せ方 ▶ 足のどの部分でフット・ボードを踏むのか？

4. 調整方法について ··································· 23
▶ スプリングの調整 ▶ ビーターの長さ調整

第2章
**バス・ドラム奏法の
バリエーション**

1. ひとつ打ち ··· 26
▶ ヒール・アップ奏法 ▶ ヒール・ダウン奏法

2. ふたつ打ち ··· 30
▶ ヒール・アップ奏法 ▶ アップ・ダウン（ダウン・アップ）奏法
▶ スライド奏法 ▶ 応用編 ▶ 3つ打ち、それ以上の連打

3. バス・ドラムのオープン奏法とクローズ奏法 ·········· 39
▶ 各奏法の特徴 ▶ オープン奏法

第3章
**ハイハット奏法の
バリエーション**

1. スティックで叩く際のフットワーク ················· 42
▶ クローズ ▶ ハーフ・オープン ▶ ハイハット・オープン・クローズ

2. 踏んで音を出す際のフットワーク ··················· 46
▶ フット・クローズ ▶ フット・クラッシュ
▶ フット・オープン・クローズ

3. ゴースト・モーション ······························· 50
▶ ゴースト・モーション ▶ ハイハット奏法のまとめ

第4章
**リズムの中での
フット・
コントロール**

1. ベーシックなビート ································· 54
▶ 8ビート ▶ シャッフル ▶ 16ビート
▶ スロウ3連系 ▶ ハネ系 ▶ その他のリズム

2. 難易度の高いフレーズ ······························· 64

3. バス・ドラム・パターン・サンプル集 ··············· 65
▶ 8分音符集 ▶ 16分音符集

第5章	**1.** 片足ずつのエクササイズ · 70
メカニカル・	**2.** 両足のエクササイズ · 72
エクササイズ	**3.** 手足のコンビネーション・エクササイズ · · · · · · · · · 75

第6章	**1.** ベーシック・トレーニング · 84
ツーバス&	**2.** 実践トレーニング · 87
ツイン・ペダル奏法	

第7章	**1.** ハイハット・オープン・クローズ奏法 · · · · · · · · · · · 92
フレーズを彩るための	**2.** フット・クローズ奏法 · 97
ハイハット・	**3.** フット・クラッシュ、
テクニック	フット・オープン・クローズ奏法 · · · · · · · · · · · · · · · 99

第8章	**1.** 8分音符の手足のコンビネーション · · · · · · · · · · · · · · 102
フィルインの中での	**2.** 16分音符の手足のコンビネーション · · · · · · · · · · · · · 103
フット・	**3.** 3連、6連系の手足のコンビネーション · · · · · · · · · 107
コントロール	**4.** その他のリズムでのコンビネーション · · · · · · · · · · · 110

第9章	**1.** 16分音符のバス・ドラム練習曲 · · · · · · · · · · · · · · · 116
フットワークのための	**2.** 両足のコンビネーション練習曲 · · · · · · · · · · · · · · · · 117
エチュード	**3.** 手足のコンビネーション練習曲 · · · · · · · · · · · · · · · · 118
	4. ドラム・ソロ調のフィルイン練習曲 · · · · · · · · · · · · · 119

第10章	**1.** 筋力エクササイズ · 122
筋力エクササイズ&	▶ 足首の筋力　▶ スネの筋力
ストレッチ	▶ 足の指の握力　▶ 足首・脚全体の筋力
	2. ストレッチ · 125

まえがき · · · · · · · · · · · · · 03　　あとがき · · · · · · · · · · · · · 127

CD INDEX

第2章
バス・ドラム奏法の
バリエーション

Track 01 ▷ 4種類の奏法で踏む4分音符
Track 02 ▶ ヒール・ダウン奏法のアクセントとノー・アクセント
Track 03 ▷ ヒール・アップ2種混合型ダブル奏法で踏む16分連打
Track 04 ▶ 完全ヒール・アップ型ダブル奏法で踏む16分連打
Track 05 ▷ サンバ・キック
Track 06 ▶ スライドを使った16分連打
Track 07 ▷ 16分音符3連打
Track 08 ▶ 16分音符5連打
Track 09 ▷ 16分音符の連続
Track 10 ▶ バス・ドラムのオープン・クローズ奏法

第3章
ハイハット奏法の
バリエーション

Track 11 ▷ ハイハット・クローズからハーフ・オープンへ
Track 12 ▶ 8分ウラのオープン (ディスコ・ビート)
Track 13 ▷ フット・クローズのバリエーション
Track 14 ▶ フット・クラッシュ
Track 15 ▷ フット・オープン・クローズ

第4章
リズムの中での
フット・コントロール

Track 16 ▶ 8ビート・トレーニング①
Track 17 ▷ 8ビート・トレーニング②
Track 18 ▶ アップ・テンポのロック・ビート
Track 19 ▷ シャッフル①
Track 20 ▶ シャッフル②
Track 21 ▷ シャッフル③
Track 22 ▶ シャッフル④
Track 23 ▷ 16ビート①
Track 24 ▶ 16ビート②
Track 25 ▷ 16ビート③
Track 26 ▶ 16分音符のダブルを踏むパターン
Track 27 ▷ 16分音符の手足のコンビネーション
Track 28 ▶ スロウ3連系①
Track 29 ▷ スロウ3連系②
Track 30 ▶ スロウ3連系③
Track 31 ▷ ハネたリズム①(16分音符)
Track 32 ▶ ハネたリズム②(ハーフタイム・シャッフル)
Track 33 ▷ ハネたリズム③(3連符のアタマ抜き連打)
Track 34 ▶ ボサノヴァ
Track 35 ▷ ジャズ・ビート
Track 36 ▶ サンバ
Track 37 ▷ 16分音符を連続して踏むパターン
Track 38 ▶ 16分音符の3連打
Track 39 ▷ リニア・パターン

第5章
メカニカル・
エクササイズ

Track 40 ▶ チェンジ・アップ
Track 41 ▷ 4分音符と8分音符のエクササイズ
Track 42 ▶ ハイハット・トレーニング
Track 43 ▷ 左足のリズム・キープ
Track 44 ▶ 右足と左足のコンビネーション・トレーニング
Track 45 ▷ 手足のコンビネーション・トレーニング①
Track 46 ▶ 手足のコンビネーション・トレーニング②
Track 47 ▷ 手足のコンビネーション・トレーニング③
Track 48 ▶ 手足のコンビネーション・トレーニング④
Track 49 ▷ 手足のコンビネーション・トレーニング⑤
Track 50 ▶ 手足のコンビネーション・トレーニング⑥
Track 51 ▷ 両足のコンビネーション・トレーニング

第6章
ツーバス＆
ツイン・ペダル奏法

Track 52 ▶ ボース・サウンド
Track 53 ▷ 左右のバランス・トレーニング
Track 54 ▶ 8分音符と16分音符の踏み分け
Track 55 ▷ 左足のハイハットとバス・ドラムのペダル移動
Track 56 ▶ ハード・ロック系パターン
Track 57 ▷ 3連系の連打
Track 58 ▷ 3連符の休符を混ぜたパターン
Track 59 ▶ ボース・サウンドを使ったツーバス・アプローチ
Track 60 ▶ ハイハットとバス・ドラムの踏み分け
Track 61 ▷ シングルとダブルのコンビネーション
Track 62 ▶ バス・ドラムを装飾音符的に使ったパターン
Track 63 ▷ 手足のコンビネーション・フレーズ

第7章
フレーズを彩るための
ハイハット・テクニック

Track 64 ▶ 8ビート
Track 65 ▷ 16ビート
Track 66 ▶ ファンク・リズム①
Track 67 ▷ ライドとハイハット・オープンのコンビネーション
Track 68 ▶ ファンク・リズム②
Track 69 ▷ 拍のアタマをオープンするパターン
Track 70 ▶ ラテン・ロック風＆サンバ・パターン
Track 71 ▶ ファンク・リズム③
Track 72 ▶ ファンク・リズム④
Track 73 ▷ ラテン・ファンク風パターン
Track 74 ▶ フット・クローズでアクセント
Track 75 ▷ 3連符のウラ踏みパターン
Track 76 ▶ フット・クローズを組み込んだリニア・パターン
Track 77 ▷ 左足クラーベを踏んだソンゴ・パターン
Track 78 ▷ フット・クラッシュを使ったモザンビーク
Track 79 ▷ フロア・タムを刻んだパターンでフット・オープン・クローズ

第8章
フィルインの中での
フット・コントロール

Track 80 ▶ ロック系の定番
Track 81 ▷ 16分音符のコンビネーション①
Track 82 ▷ 16分音符のコンビネーション②
Track 83 ▷ 16分音符のコンビネーション③
Track 84 ▶ 16分音符のコンビネーション④
Track 85 ▷ 16分音符のコンビネーション⑤
Track 86 ▶ 3連符のコンビネーション
Track 87 ▷ 6連符系のコンビネーション①
Track 88 ▶ 6連符系のコンビネーション②
Track 89 ▷ 手のアクセントにバス・ドラムを絡める
Track 90 ▶ 装飾音符的に使ったバス・ドラム
Track 91 ▷ 32分音符を絡めたフィルイン①
Track 92 ▶ 32分音符を絡めたフィルイン②
Track 93 ▷ ハイハット・オープンを使ったフィルイン
Track 94 ▷ クラッシュとバス・ドラムを使ったフィルイン
Track 95 ▷ 4ビートのフィルイン

第9章
フットワークのための
エチュード

Track 96 ▶ 16ビートのバス・ドラム練習曲
Track 97 ▷ 両足のコンビネーション練習曲
Track 98 ▶ 手足のコンビネーション練習曲
Track 99 ▷ ドラム・ソロ調のフィルイン練習曲

本書の付属音源は弊社HPの「付録データのダウンロード」ページからダウンロードすることができます。ご利用の際にはパソコン上のWebブラウザーから下記URLにアクセス後、**ま行**で本書を検索し、タイトル右にある**MP3 (ZIP)** の文字を右クリック（またはcontrol＋クリック）してください。ZIP形式で圧縮された状態のファイルがダウンロードできたらダブルクリックして解凍を行います。解凍後のフォルダーに収録されているMP3ファイルは、OS標準のメディアプレーヤーソフトや、市販のオーディオファイルプレーヤー（ハードウェア）で再生することが可能です。

▶https://www.rittor-music.co.jp/e/furoku

第1章
フットワークの
基礎知識

第1章では、実際にペダルを踏む前に頭に入れておきたい、

フットワークの基礎知識について解説しましょう。

フット・ペダルやハイハット・スタンドの構造から、

セッティングやフォームについてまで、

基本的だけれど大切なことばかりです。

そんなことは理解していると思っている人も、

もう一度確認するつもりで読んでください。

1 フット・ペダル、ハイハット・スタンドの仕組みを知りましょう

まず初めに、フットワークを語るにあたって欠かせない、フット・ペダルとハイハット・スタンドの構造について説明しましょう。

ライブ・ハウスや練習スタジオなどで、自分が演奏しやすいように調整する機会も多いだけに、ここで詳しくなってしまいましょう。

▶▷ フット・ペダル

バス・ドラムを演奏するためのフット・ペダルは各メーカーから多くのモデルが発売されていて、カタログなどを見ても、その数に驚かされます。ドラムが上達してくると手に入れたくなるのが自分のペダル。基本的な構造と特徴を頭に入れて、購入の際の参考にしてください。

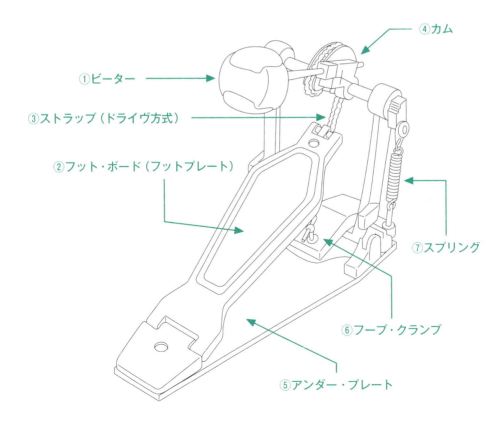

①ビーター
②フット・ボード(フットプレート)
③ストラップ(ドライヴ方式)
④カム
⑤アンダー・プレート
⑥フープ・クランプ
⑦スプリング

①ビーター

バス・ドラムのヘッドを叩くパーツ。音色に直接影響を与え、さまざまな材質のものがあります。スタンダードなフェルトのものは深みを持った豊かな音色です。しかし同じフェルトでも硬さにいろいろな種類があり、硬いものは重く、柔らかいものはソフトな音色になります。また、樹脂やウッドなどの硬い材質のビーターは、アタックのあるパワフルな音色を出すのに向いています。

①左からフェルト、樹脂とフェルトの切り替えが可能な2ウェイ・タイプ、ウッドのビーター。また、右の写真のように、素材の付け替えが可能なモデルもある

②フット・ボード（フット・プレート）

フット・ボードにもさまざまな大きさやデザインがあります。小さめのフット・ボードは軽くてフィット感があり、大きめのフット・ボードは安定感があるという印象を受けるものが多いです。フット・ボードの上に刻まれたパターンもさまざまで、これによって踏み心地も異なります。しかし、最近のペダルは癖のあるパターンのものは少なく、慣れてしまえばあまり気にする必要はないでしょう。

②フット・ボードは大きさもデザインもさまざま

③ストラップ（ドライヴ方）

カムとフット・ボードを連結するストラップにはいくつかの種類があります。

現在の主流であるチェーン・ドライヴは、力を素直に無駄なく伝達できて、パワーと耐久性に優れています。またチェーンを1本のみ使用したシングル・チェーンと、2本を平行に並べて剛性を高めたダブル・チェーンの2種類があります。前者は軽快なアクションでスピードを出しやすく、後者は安定感がありパワーを出しやすい傾向になります。

柔軟性のあるベルト・ドライヴは、パワーでは一歩譲る感もありますが、軽快なアクションと温かみのある音色が魅力で、根強い人気があります。

そしてカムとフット・ボードを金属板やシャフトで連結したダイレクト・ドライヴは、極端にロスの少ない安定感に優れた動きが魅力ですが、セッティングによってはアクションに癖が強く現れる場合があります。

③左上から時計回りに、シングル・チェーン、ダブル・チェーン、ベルト・ドライヴ、ダイレクト・ドライヴ

④カム（ギア）

　チェーンやベルトの力が伝わるカムの部分は、真円のタイプと、回転軸が中心からズレた偏芯カムの2種類に大きく分けられます。真円のタイプは素直でクセのない動きで、偏芯カムのタイプは踏み込んでいくと徐々に加速していく動きになります。最近ではカムの曲線を可動させたり、パーツを付け替えたりして、1台で真円と偏芯の両方のアクションを使い分けられるタイプもあります。

④真円タイプ（左）と、偏芯タイプ（右）

⑤アンダー・プレート

　ペダルの下に付いているアンダー・プレートは、ペダルの横ブレなどを抑えて安定感を高めます。これによって、パワー・ロスの少ないカッチリとした踏み心地を生み出します。最近のペダルはアンダー・プレート付きが主流ですが、ドラマーの中には多少"あそび"があるアンダー・プレートなしのタイプを好む人もいます。

⑤アンダー・プレートがあるタイプ（左）となしのタイプ（右）

⑥フープ・クランプ

　バス・ドラムのフープ（枠）を挟み、調整ネジで固定するパーツ。上級機種のペダルの多くは、フット・ボードの脇からネジの操作ができるように工夫されています。

⑥フープ・クランプはバス・ドラムとペダルの接点となるパーツ

⑦スプリング

　ペダルが返ってくる強さを調整するスプリング。ノイズが出ないように、内部にフェルトなどを入れたものもあります。バネの力の強いスプリングなども別売りされており、好みによって付け替えるドラマーもいます。

⑦バネの中にフェルトを入れてあるタイプ。ノイズが少なくなる

▶▷ ツイン・ペダル

　左右の脚を駆使してバス・ドラムを連打できるペダルがツイン・ペダルです。
　左足用のスレイヴ・ペダルと呼ばれるフット・ボードを踏むと右側のペダルに付いているリモート・ビーターが動く仕組みになっています。バス・ドラムを2台用いたツーバスと呼ばれるセットと同様のサウンドを、手軽に得ることが出来ます。

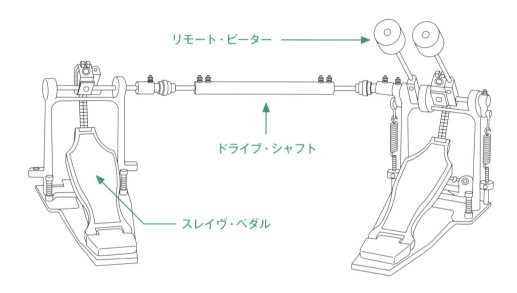

▲右足用ペダルのビーター取り付け部分。2本のビーターのシャフトが見える。右側がリモート・ビーターだ

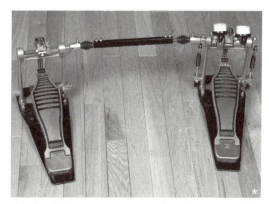

▲筆者が使用しているツイン・ペダル。左のペダルの外側にハイハット・スタンドを配置する。左右のペダルはドライブ・シャフトでつながっている

▶▷ ハイハット・スタンド

　ハイハット・シンバルを足で演奏するためのハイハット・スタンド。ふだんフット・ペダルほどは注目されず、ビギナーでなくとも意外に基本構造を知らない人が多いです。

　しかし、演奏前の調整も多く、トラブルが起きやすい部分でもあります。いざという時に慌てないためにも、しっかりと構造を理解しておきましょう。

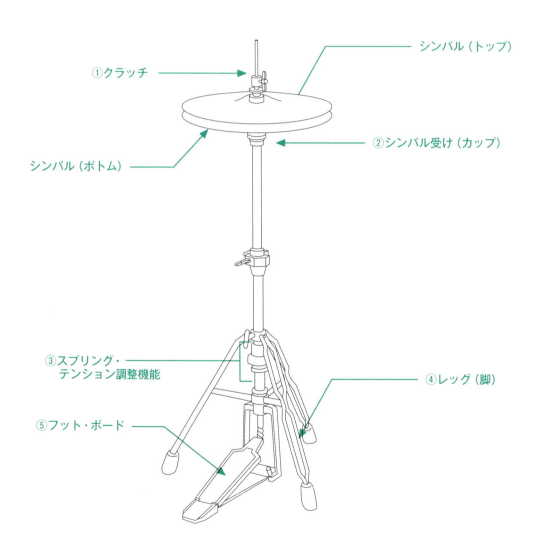

- ①クラッチ
- シンバル（トップ）
- シンバル（ボトム）
- ②シンバル受け（カップ）
- ③スプリング・テンション調整機能
- ④レッグ（脚）
- ⑤フット・ボード

①クラッチ

トップ側のシンバルを、センター・シャフトに固定するパーツ。2枚のフェルトの間にシンバルをセットして、下側のナットで固定します。シンバルの揺れ具合の調整は上側のナットで行ないます。この上側のナットは二重構造になっていて、お互いを締めあわせることにより好みの位置にしっかりと固定することができます。センター・シャフトには、上部についた蝶ネジで固定します。

①シンバルを付けてない状態(左)と、1枚だけ付けた状態(右)

②シンバル受け（カップ）

ボトム側のシンバルを乗せる部分。シンバルの角度を変えられるように調整ネジが付いています。通常は平らで良いのですが、ジャズ・ドラマーのようにフット・クローズ音を重視するドラマーは、斜めにセットする場合も多いです。

調整ネジ

②やや斜めにしたセッティング

③スプリング・テンション調整機能

シンバルを開く強さを調整する機能です。ハイハット・スタンドの種類によって位置や機構は微妙に異なります。低価格帯のモデルには調整機能がついていない場合もありますが、ハイハットはフット・ペダルほどスプリングのテンションに神経質にならなくても良いという側面もありますので、割り切ってしまえば問題ないと言えます。

③チェーンの上に見える円形のパーツを回転させて、スプリングのテンションを調整するタイプ

④ レッグ（脚）

　一般的には3脚式ですが、ツイン・ペダルや他のスタンドとの干渉を避けるように工夫された、2脚式などもあります。また3脚でも脚部分が回転式になっていて、自由度の高いセッティングが可能なタイプもあります。

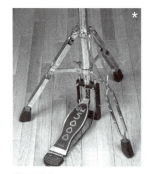

④ 3脚式

⑤ フット・ボード

　最近の上級モデルには、フット・ボードの角度調整機能が付いているタイプもあります。右足との踏み込む角度を合わせることにより、身体のバランスが取りやすくなったり、ツイン・ペダルを使用するドラマーの踏み替えに有効です。またフット・ボードとセンター・シャフトのジョイント部分に、テコや滑車を応用した機構を使い、ペダルを踏み込む力を軽くしたモデルも人気があります。

⑤ フット・ボードのデザインは、フット・ペダルと共通のものが多い

⑥ リモート・ハイハット

　ハイハット・スタンドのセンター・シャフトの中間部分をワイヤーにして、ハイハット・シンバルを自由な位置にセットできるスタンド。通常のスタンドと比べるとやや動きは重くなりますが、慣れてしまえば問題ありません。ハイハット・シンバルを右手側にセットして操作するなど、アイデア次第で幅広く使えるスタンドです。

⑥ リモート・ハイハット

2 セッティングについて

ペダルの構造を理解したら、次は基本的なセッティング方法を説明しましょう。演奏前にペダル類を常に正しくセットできることは、フットワークをスムーズにするためにとても大切なことです。ある程度経験のある人も、この機会にもう一度自分のセッティングを見直しましょう。

▶▷ フット・ペダル

バス・ドラムのフープ（枠）にフープ・クランプを挟んで、ネジを締めて固定します。この時、きちんとフープが奥まで正しく入っていることを確認しましょう。バス・ドラムのヘッド（皮）とペダルのフット・ボードの関係が上から見てT字になっていないと、踏む力が正しく伝わりません。

また、ペダルをフープの真下にあたる位置にセットすることも大切です。これが左右にズレていると、フープ・クランプのネジを締めた際に、ペダルの左右どちらかが浮き上がってしまいます（図①）。これはフープに非常に負担をかけることになるうえに、ペダルの自然な動きも妨げてしまうので注意しましょう。このように正しくセットされたペダルは安定感があるので、ネジを必要以上に強く締めつけることなく、軽くフープを挟むくらいの力で充分に固定されます。

▲フープは奥までしっかり入れる

▲ネジを締めて固定する

図①
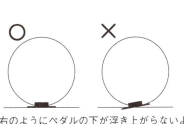
▲右のようにペダルの下が浮き上がらないように固定しよう

◀上から見るとT字になる

▶▷ ハイハット・スタンド

　ハイハットのセッティングで、まずポイントとなるのは、2枚のシンバルの開き具合です。ドラマーによって好みが異なるので一概には言えませんが、だいたい2～3cmくらい標準的でしょう。両足のバランスを取るために、バス・ドラムのペダルとの踏みしろと揃える人もいます。

　ジャズ系の良い意味でルーズなハイハット・オープンを多用するドラマーは、さらに広げてセットする人も多くいます。逆にファンク系などのタイトな音を好む人は、シンバルが触れ合うくらいに狭くセットしている人もいます。また、トップ側のシンバルの揺れ具合の調整も、きつく締めるとタイトに、緩めるとルーズなサウンドと感触になります。

　ハイハット・シンバルをセットする高さは、スネア・ドラムから10cmから20cmくらい上にすると良いでしょう。繊細な音色を好むドラマーは低めに、ハード・ロックなどパワーのある音色を好むドラマーは、高めにセットする傾向にあると言えます。

▲上下のシンバルの空きは指1本～1本半程度

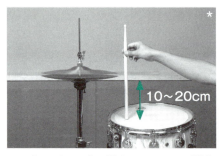
▲ハイハット～スネア間は10～20cmが目安

▶▷ 左右のペダルの位置

　フット・ペダルとハイハット・ペダルの位置関係は、写真のように左右のペダルがイスから等距離に並ぶのを基本と考えると良いでしょう。つまりイスを中心とした円周上にペダルが並ぶことになるのですが、その状態がしっくりこない場合は、バス・ドラムの位置を基準にして、ハイハットを少し近づけるなどの微調整を加えて、好みのポジションを探ることをお薦めします。

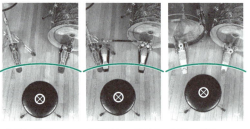
▲ワンバス　▲ツイン・ペダル　▲ツーバス

フォームについて

　長い時間ドラムを演奏していても、身体に無理がかからぬように、リラックスした正しいフォームや効率的なペダルへの足の乗せ方を覚えることは大切です。

　ドラマーの体格や音楽性によって好みの分かれる部分も多いですが、まずは基本を押さえてから、自分なりのポジションを探してみましょう。

▶▷ イスの高さ

【基本形】

▶初心者に向けた教則本などで最も基本的とされるイスのポジション。高さは、座面にはやや浅めに座ってペダルに足を自然に乗せた状態で、腿がやや前方に向かって下がっている状態になっている。ペダルとの距離は、膝頭の真下にかかとが位置する状態で、スネがわずかに前方伸びたアングルになる。この状態はフットワークにとって重要な3つの関節である、股関節と膝関節、足首が適度にゆとりのある角度になっている点がポイント。腿を上げる動作や膝を前方に伸ばす動作、足首の動きの自由度も確保されているためヒール・アップやヒール・ダウン、スライドなど様々な奏法に対応しやすポジションだ。経験者もポジションに迷った時は、一旦この基本形で足の動きを確認することをお薦めしたい

【低め】

▲腿が床と平行になるくらいの高さまで下げた低めポジション。体と腿の角度は90°に近い状態になるので、慣れないと腿を上げる動作が重く感じる人も多いが、その反面腿の重さをフルに利用した重量感のあるフットワークを得やすいと感じる。また体が床に近くなることで、重心の低いビート感を表現しやすく、さらに耳がバス・ドラムに近くなるため、低音を明確に感じやすいのもポイントだ

【高め】

▲腿がかなり斜め下に向く高めポジション。股関節と膝の角度が広くなるのが特徴的で、足全体を伸ばすようにしてペダルを操作する感覚をつかみやすいと感じる。また足全体を小刻みに動かすような細かいモーションも楽に出来るため、スピードのある軽快なフットワークをしやすいのもメリットになるだろう。なかには超高めにセットしたイスに腰をもたれ掛けるように座り、半分立ち上がった状態に近い姿勢で、踊るように演奏するドラマーもいる

▶▶ ペダルとの距離

【足首が膝の真下】

◀①はイスをほんの少しペダルに近づけて足首が膝の真下に位置した状態。写真では前ページの基本形とあまり違いが感じられないかもしれないが、実際に試してみるとこの微妙な差で感覚が予想以上に変わることを実感できると思う。このポジションは膝の無駄な力を抜きやすいのが特徴で、脚の上下運動と足首のコンビネーションを重視する奏法に向いていると感じる。イス低めで股関節と膝が90°に近いポジションで高速ツーバスをプレイするヘヴィ・ロック系ドラマーも多い（②）

【足首が膝より後ろ】

◀①はイスの位置を極端にペダルに近づけて足首が膝より後ろに入った状態。かかとの上下運動を意識したフットワークを重視する奏法に向いている。かかとに脚の重さを集中して乗せて重量感のあるプレイも可能だが、反面ヒール・ダウン奏法は足首の動きが制限されるので難しくなる。またこの状態からかかとを目一杯上げてつま先立ちになると、足首が膝の真下に位置するポジションと似たアングルになるため、かかとを高めに上げるドラマーがレディ・ポジションとする場合もある（②）

【足首が膝よりかなり前】

◀①はイスの位置をペダルから離して、足首を膝よりも前に出した状態。このポジションは足全体の関節を伸ばすように作用させる奏法に向いており、演奏も伸びやかなフィールを表現しやすいだろう。スライド奏法を駆使したダブルやヒール・ダウン奏法にも利点があると感じる。イスを高くするドラマーは足全体を伸ばしてキックするイメージを一層つかみやすく、イスを低くするドラマーは、膝の角度に余裕が生まれるため、標準的なイスの高さと似た足のアングルでペダルの操作が可能になるという側面もある（②）

▶▶ 左右のペダルの幅

【心地よいペダルの幅の調べ方】

 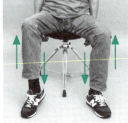

◀フット・ペダルとハイハットをセットするスタンスの広さも、演奏のフィーリングを左右する要素だ。ここでは自分にとって心地よいペダルの幅を調べる手法を一つ紹介しよう。イスに座ってペダルの無い状態で、一旦脚を肩幅くらいに開き、足踏みするように脚を上下させてバタバタと動かす（エアーでツーバスを踏むイメージ）。その踏む動作を継続しながら、少しづつ膝を開いたり閉じたりと移動して、心地よく安定する脚の開き具合を探ろう。最も心地よいポジションの目安を掴んだら、それを基準にペダルをセットする

第1章　フット・ワークの基礎知識

▷▷ 椅子に座る位置

▲浅めに座る

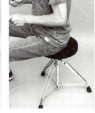
▲基本形

▲深く座る

◀イスの座る位置も演奏のフィーリングを左右する。基本形は前の項でも述べたが、やや浅めに座る状態になる。お尻にある坐骨と呼ばれる二箇所の骨が、座面の中心と端の中間あたりに位置する。そして座面の端により近く浅く座る場合は、軽快なフットワークやスピード感のあるリズムのフィールを出しやすく、逆に座面の中央や後ろ側に深く座るタイプは、ドッシリとしたフットワークやレイド・バックした重たいリズムを出しやすいと言われている。ちなみイスを高くセットするドラマーは、深めに座ると腿の裏側と座面の端が干渉して腿の自由度が制限されるため、比較的浅めに座る傾向にあると言えるだろう

▷▷ 上体

イスに座った時の上体は、無駄な力が入らないように極端な前傾や後傾は避けたいところです。また、背筋を不自然に伸ばす必要もありませんが、あまり猫背なのも良いとは言えません。腹や腰に重心を下ろして座り、足で必要以上の重心を支えることのないような自然体の姿勢を保ちたいものです。

▲極端な前傾

▲極端な後傾

▷▷ 足を置く位置

フット・ペダルを踏む時に、フット・ボードの踏み位置を意識することはとても大切なことです。下の図に示した通り、フット・ボードの踏み位置によって足のストロークの幅が変化します。右の説明を読んでもらえればわかると思いますが、ベーシックなポジションを、B、Cあたりに設定するドラマーが多いと言えます。しかし、実際の演奏中においては、テンポや音量などによって踏み分けたりすることも多く、一概にどのポジションが一番良いと言い切れるものではありません。実際にいろいろと試してみて、自分の感覚をつかんでください。

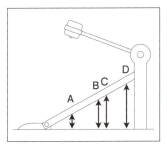

A　フット・ボードの手前を踏む。少ない足のストロークで、ビーターを大きく動かせるポジション。脚の力は必要になるが、慣れればパワフルなショットやスピードのあるプレイに生かせるだろう。また、踏んだ後にビーターを打面から離すオープン奏法にも有利

B・C　フット・ボードの中間あたり（もしくは上から3分の1）を踏む。適度な足のストロークの幅と、適度な脚の力で踏める標準的なバランスの良いポジション

D　フット・ボードの先端（バス・ドラム寄り）を踏む。軽い力で操作しやすいポジションであるが、ビーターの振り幅を確保するには、足を大きく動かさなくてはならない。音量を出すにはコツが必要となるが、小さな音量を得る時に用いるドラマーも多い

21

▶▷ 足の乗せ方

足をペダルに乗せる時はフット・ボードの形に沿って真っすぐ上に乗せる必要はありません。奏法や体の癖によって快適なポジションや身体感覚が異なる可能性もあるので、バリエーションを参考に色々と試行錯誤して欲しいと思います。

【まっすぐ上に載せる】

◀最も基本的なポジション。腿の方向とほぼ同じアングルにつま先を伸ばしてフット・ボードに乗せる。ヒール・アップ、ヒール・ダウンともに演奏がしやすい癖のないスタイル

【つま先が外を向く】

◀つま先をやや外側に向けてフット・ボードに乗せるポジション。腿がやや開き気味になるガニ股系のフォームとなり、レディ・ポジションに構えた状態では、基本形よりも足全体をリラックスしやすいと感じる人も多いだろう。腰に重心を落としやすいイメージ

【つま先が内側を向く】

◀つま先をやや内側に向けてフット・ボードに乗せるポジションで、膝をやや内側に絞るような内股系のフォーム。腰から足先までの感覚がブレなく伝わるような印象を受け、背筋を上に伸ばしやすいと感じる。筆者の場合、この状態から力強くバス・ドラムを踏む際は、カンフーなどの横蹴り（足刀蹴り）の動きをイメージする

▶▷ 足のどの部分でフット・ボードを踏むのか？

フット・ボードに力を加える位置は、特に決まりはありませんが、プロ・ドラマーの多くは足の裏の指の付け根付近、特に親指の付け根の「拇指球」と呼ばれる膨らみのあたりを意識していると言います。筆者もその部分で踏むことが多いですが、力を効率的に伝えやすいと感じます。そして足を引き上げる時もフット・ボードと拇指球が離れないようにペダルをコントロールすることを基本とすると良いでしょう。故意に足の裏とフット・ボードを離す奏法もあるのですが、まずはペダルと足の裏の一体感を意識しながら正確なフットワークを目指して欲しいと思います。ちなみに「ビーターが返ってきた際に、足の甲やスネに当たって痛い」という話を聞くこともありますが、これもペダルと足の裏が離れてしまうことが原因である場合が多いものです。

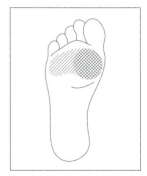

▲斜線が重なっている、親指の付け根の間隔を特に意識しよう

調整方法について

最近のフット・ペダルには色々な箇所に調整機能がつきます。そのため初心者ではなくても迷ってしまう部分が多いのではないでしょうか？また調整機能は、それぞれが影響し合っているので、慣れないとバランスを取るのがなかなか難しいものです。そこでまずは、基本的なスプリングとビーターの長さの調整のみを行い、他の部分は必要が生じるまでいじらないと割り切ってしまっても良いでしょう。

▶▷ スプリングの調整

スプリングの強さは、奏法や脚の筋力によっても好みの分かれるところ。強く張れば戻りは速くなりますが、当然踏み込むのに力が必要になってきます。最初はあまりスプリングを強くせず、無理なく踏めるように調整するほうが無難でしょう。参考までに筆者のお薦めの調整法を紹介します。

◆ スプリングをグラグラの状態になるまで弛めます
◆ そこから"あそび"がなくなるまで締めます
（スプリングが弛んでもいないし、引っぱられてもいないニュートラルな状態）
◆ その状態で実際にバス・ドラムを踏んで、踏み心地を確かめます
（この状態でOKの場合も多い）
◆ 必要に応じて、少しずつ張りを強くしていきます

以上のように調整すると、必要以上にスプリングを張り過ぎることがなく、好みの強さを見つけやすいのです。好みの強さが決まったら、きちんとねじれのない状態で、スプリングが弛まないようにロック・ナットで確実に固定してください。

▶▷ ビーターの長さ調整

ビーターのシャフトの長さも、ペダルの踏み心地やサウンドに大きな影響を与えます。

ビーターのシャフトを長くセットすると、パワーは出しやすいですが踏み心地は重くなり、短くするとその逆になります。スプリングの強さとのバランスもありますが、あまり短くし過ぎず、ビーターの動く重さが適度に足の裏に伝わる長さを探ってください。

また、ビーターは打面の中心に必ずしも当たる必要はないのですが、あまり極端に中心から外れると適切なサウンドが得られなくなるので注意してください。

▶▶ ビーターの角度調整

　ビーターの角度調整もペダルの踏み心地を大きく変える要素になります。一般的には箱から出したままの初期設定の状態が最も標準的なセッティングと考えられ、初心者はあまりいじる必要がないと思います。そしてある程度フットワークに熟練して、もう少し細かい自分なりのセッティングを探したいときには調整してみましょう。ビーターが大きく返る方向に調整すると、振り幅が大きくなるためパワーを得やすくなりますが、繊細なニュアンスの表現が難しくなり、ビーターの返りが小さくなるように調整するとその逆の効果になります。

column1

演奏前のチェック・ポイント

フット・ペダル

●スプリングのロック・ナットがしっかり締まっているか？

●ビーターを止めているネジはしっかりと締まっているか？

ハイハット

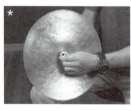
●クラッチの下のロック・ナットはしっかりと留まっているか

●クラッチはセンター・シャフトにしっかり留まっているか

●ハイハットのパイプはしっかりと留まっているか（メモリー・ロックがされているか）？

第 2 章
バス・ドラム奏法の
バリエーション

ドラマーには、場面ごとに

いろいろなバス・ドラムの奏法を使い分ける人や、

得意なひとつの奏法で、多くの音色を踏み分ける人など、

さまざまなタイプがいます。

しかし、多くの奏法を練習して、演奏の幅と可能性を広げることは、

自分の個性を築き上げる過程においては大切なことでしょう。

1 ひとつ打ち

いよいよ実際にバス・ドラムの奏法を細かく取り上げて解説していきましょう。まずは基本中の基本である、1打ずつ踏むひとつ打ちから。

ふだん何気なく踏んでいる人も多いと思いますが、奏法によっていろいろな表情が出せます。シンプルなだけに実に奥行きの深いものなのです。

▶▷ ヒール・アップ奏法

文字通り、かかとを上げ、脚全体の動きと重さを使ってペダルを踏む奏法。パワーのあるアタックの効いた音を長時間叩き続けるには最も向いています。ほとんどのロックやファンク系のドラマーは、この奏法をメインにプレイして

いると言ってもいいでしょう。

ただしソフトでデリケートな音色を出すのにコツが必要であったり、ビギナーには上体のバランスを保ちにくいという面もあります。

【その1】 ヒール・アップ奏法（かかとを下ろすタイプ）

この奏法は、ペダルを踏む時以外はかかとがフット・ボードに下りているために、脚全体の疲労も少なく、身体のバランスも保ちやすいです。

①・② かかとを下ろしたポジションから、足首を使って足全体を持ち上げてつま先立ちの状態になる

③・④ 足首の力を抜き、ビーターが返ってくると同時に、脚全体の重さを利用して落とすようにペダルと踏む。ビーターがヘッドに当たると同時に、かかともフット・ボードに下ろす

【その2】 完全ヒール・アップ奏法

この奏法は、特につま先に力が集中するため、よりパワーとアタックのある音色を出しやすいです。

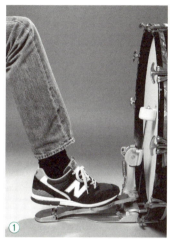
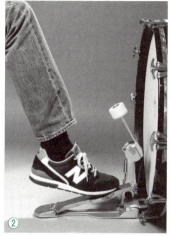

①・② かかとを上げたポジションから、足首のスナップを中心に足全体を跳ね上げる

③ 脚全体の重さが、つま先に乗るようにかかとを上げたままペダルを踏む

POINT!　ヒール・アップ奏法は足首や膝、股関節を連動させて、足を引き上げる感覚が大切です。太腿や脚の付け根付近の筋肉に無駄な力が入り過ぎると、重心が上がってしまい、地に足が着かない状態に陥ってしまうこともあります。また音を鳴らす時は力を入れて踏むというよりも、なるべく脚全体をリラックスさせてタイミングよく自然に落とすという気持ちを持つと良いでしょう。そのためにはビーターをタイミングよく引き戻すこともポイントになります。

▶▷ ヒール・ダウン奏法

かかとをフット・ボードに付けたままの状態で、つま先の動きでペダルを踏む奏法です。

身体のバランスを保ちやすく、ソフトでデリケートな音色も出しやすいのですが、長時間パワフルなプレイを続けるにはコツが必要となります。

スネの筋肉を鍛えたり、足首の柔軟な使い方を学ぶなど、ペダル・ワークの基本動作をマスターするにも良い奏法で、ジャズ系ドラマーに熟練者が多いです。

【その1】 ヒール・ダウン奏法

①・②・③　足の裏をフット・ボードに密着させたまま、足首の動きを中心にペダルを踏む

【その2】 ヒール・ダウン奏法でアクセント

①・②・③・④　ヒール・ダウン奏法でアタックのある音を出す場合、ビーターがヘッドに当たった瞬間にかかとが上がるまで踏み込み、脚の重さをつま先に乗せると良い

第2章 バス・ドラム奏法のバリエーション

POINT! ヒール・アップ奏法でもヒール・ダウン奏法でも、つま先は常にフット・ボードと接していることを基本としましょう。脚を上げた時につま先が離れると、正確なタイミングでペダルをコントロールしにくくなります。下の写真は悪い例です。

▲ヒール・ダウン

▲ヒール・アップ

4種類の奏法で踏む4分音符　▶▶ Track 01

●それでは、実際に今までの奏法を使ってシンプルな4分音符を叩いてみましょう。奏法による音のニュアンスと脚の動きの違いを意識しながら、ゆっくりとしたテンポから始めてください。
　音源では収録時間の都合もあって、2小節ずつ奏法を変えていますが、まずはそれぞれの奏法をじっくりと時間をかけて練習してみましょう。

ヒール・ダウン奏法のアクセントとノー・アクセント　▶▶ Track 02

●ヒール・ダウン奏法のアクセントとノー・アクセントの2種類を使い分ける練習。8ビートの代表的なバス・ドラムのパターンですが、このように1拍3拍にアクセントを付けることによってビート感がより強調されます。

29

2 ふたつ打ち

バス・ドラムを素早く2連打するふたつ打ち（ダブル奏法）は、ドラミングの幅を広げるためにも必要不可欠なテクニック。

多くのバリエーションがありますが、ほとんどは1打目から2打目にかけて足首の高低差を利用したり、前後左右に移動させて力の分散を計るタイプです。難易度は高いですがしっかりマスターしましょう。

▶▷ ヒール・アップ奏法

【その1】 ヒール・アップ2種混合型ダブル奏法

ひとつ打ちの項目で取り上げた2種類のヒール・アップを組み合わせたような奏法です。1回の腿を踏み降ろす動作の中で、足首の高低差を利用して2連打を踏む感覚になります。音量やテンポなどのコントロールがしやすく、場面を選ばずに使える奏法と言えるでしょう。

①・②・③　かかとが下がった状態から（フット・ボードに完全に着いていなくても可）足首を中心に脚全体を持ち上げて一打目を踏む。この時かかとは上がった状態になる

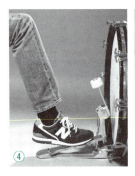

④・⑤　次に足首の力を抜き、素早くビーターを返すと同時に脚全体を落とすように2打目を踏む。ビーターがヘッドに当たると同時にかかとも下ろす（フット・ボードに完全に着いていなくても可）

ヒール・アップ2種混合型ダブル奏法で踏む16分連打　▶▷ Track 03

●この奏法は、2打目に脚全体の重さを乗せることで、自然なアクセントを付けることができます。したがって、2打目が拍のアタマにくる16ビートのバス・ドラムなどによく合います。

【その2】 完全ヒール・アップ型ダブル奏法

　完全ヒール・アップ奏法の、足首のスナップを連続して2打踏む奏法です。少し大きめの貧乏揺すりのようなイメージで、ひとつ打ちを素早く連打するように踏んでみましょう。

 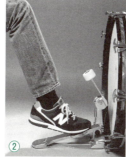 

①・②・③　かかとを上げた状態から足首のスナップを中心に一打目を踏む

④・⑤　かかとは上げた状態を保ったままで、1打目の反動と足首のスナップを使って2打目を踏む

完全ヒール・アップ型ダブル奏法で踏む16分連打　▶▷ Track 04

●この奏法は、2打の粒立ちを均等に揃えやすいのが特徴です。2打ともしっかりと脚の重さを乗せて踏んでみましょう。

▶▷ アップ・ダウン（ダウン・アップ）奏法

　ヒール・アップ奏法とヒール・ダウン奏法の動きを混ぜ合わせて連打する奏法が、このアップ・ダウン奏法です。

　足首を中心にシーソーのような動きをするのが特徴的な奏法で、膝の上下運動1回に対して2打踏むことができます。

【その1】　アップ・ダウン奏法

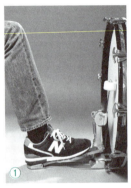  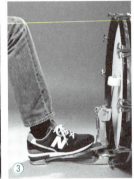 

①・②・③・④　ヒール・ダウン奏法で1打目を踏み、かかとが上がるまで踏み込む（ヒール・ダウン奏法のアクセントと同じ）

⑤・⑥　つま先を戻しながらヒール・アップ奏法の要領で2打目を踏み、同時にかかとを下ろす

【その2】 ダウン・アップ奏法

  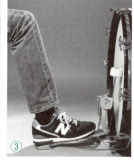

①・②・③　ヒール・アップ奏法で1打目を踏み、同時にかかとを下ろす

④・⑤・⑥　つま先を上げヒール・ダウンで2打目を踏み、かかとが上がるまで踏み込む

POINT!　ふたつ打ちの場合、1打目を踏んだビーターを素早く返すことが、2打目のスピードとパワーにつながってきます。それには1打目を踏んだ時にビーターを強く押し付け過ぎずに、自然な跳ね返りを利用することがポイントになります。このあたりは後の項で解説するオープン奏法も参考にしてください。

サンバ・キック　▶▶ Track 05

●俗にサンバ・キックと呼ばれるバス・ドラムのパターンです。ふたつ打ちのスピードや持久力を鍛える良い練習になりますので、譜例に示したダウン・アップに限らず、色々な奏法で練習してほしいと思います。まずは無理のないスロー・テンポから始めることが大切です。

▶▷ スライド奏法

ペダルのフット・ボードの上をつま先を前に滑らせて2打踏む奏法。

特に、速いテンポや連打を続けて踏みたい時などに向いています。逆にゆったりとしたテンポでの連打は、ややコントロールが難しくなるという面もあります。

①・② ヒール・アップの状態で、つま先をフット・ボードの中央、もしくは手前あたりまで引いてくる（バネの力で自然にビーターがヘッドから離れるくらいの位置）

③・④・⑤ その位置から足首を前方に押し出しながら、反動と勢いを利用して2連打する

POINT! フット・ボードの上をすべらす距離は、テンポなどにも左右されますが、慣れてくると次第に短くすることができます。動きがコンパクトなほうが、無駄な力も使わずタイミングも安定してくるでしょう。

スライドを使った16分連打　　　　▶▷ Track 06

● スライドを使った16分音符の連打。スライドに入る直前（最初の8分音符を踏んだ直後や16分休符の部分）で、足首をタイミング良く手前に引いてくることがポイントです。

▶▷ 応用編

　応用編をふたつ紹介しましょう。どちらもスライド奏法の動きのエッセンスを含みますが、ペダル・ワークに慣れてくると無意識にこのような動きになる人もいます。

【その1】　ヒール・アップ・ダブル奏法＋スライド

　ヒール・アップ2種混合型ダブル奏法に、スライド奏法の動きを加えた奏法。ヒール・アップの安定感とスライドのスピード感をプラスした感じになります。

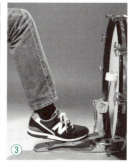

①・②・③　かかとを下ろした状態から、足首を柔らかく使って脚全体を持ち上げ1打目を踏む。かかとは上がった状態になっている

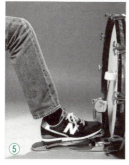
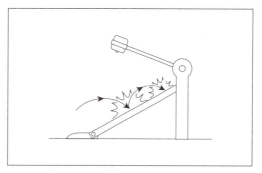

④・⑤　次に足首の力を抜きビーターを返しながら前方に脚をすべらせ、脚全体を落とすようにして2打目を踏む

▲スライド奏法の足の動きのイメージ

【その2】 スウィング・ステップ奏法（ダンス・ステップ奏法）

　スライド奏法の足首を前方に押し出す動きを、つま先を中心にかかとを左右に振る動きに変化させて2打踏む奏法。

　つま先は、ほとんど前後にスライドしなくなりますが、それにより2打の音色は安定しやすくなります。ただし普段あまり使わない脚の動きなので、慣れるまで多少違和感があるかもしれません。ちなみに写真の解説は内側にひねるタイプですが、逆に外側にひねる動きを好むドラマーもいます。

①・②・③　かかとを上げた状態から足首のスナップを使って一打目を踏む（かかとは上がったままの状態）

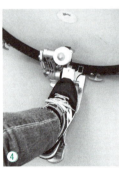 

④・⑤　すぐに反動と足首のスナップを使い、もう一度ビーターを返してきて、かかとを内側にひねりながら2打目を踏む（逆に外側にひねるタイプもある）

第2章 バス・ドラム奏法のバリエーション

▶▶ 3つ打ち、それ以上の連打

　リズム・パターンやフィルインによっては、3打以上の連打を素早く踏む必要が出てくることもあります。3連打やそれ以上の連打を踏む場合は、基本的には今までに挙げたふたつ打ちの奏法を、さらに発展させて連続して踏むということになります。

スライド奏法による3連打

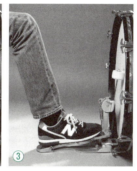

①・②・③　ヒール・アップで1打目を踏む

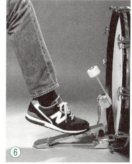

④・⑤・⑥・⑦　足首を手前に引いてきて、スライド奏法で2打連続して踏む

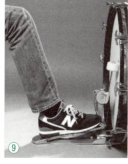

⑧・⑨　もう1歩前方に足首を押し出し、もう1打踏む。かかとは同時にフット・ボードに下ろす

37

16分音符3連打　▶▷ Track 07

● 16分音符の3連打のエクササイズ。1小節目の音符をしっかり踏めるようになってから、2小節目の連続にチャレンジしてください。スライド奏法やヒール・アップ奏法、ダウン・アップ奏法でも踏んでみましょう。

16分音符5連打　▶▷ Track 08

● 16分音符を5連打踏むエクササイズ。ヒール・アップ奏法で、足首のスナップを使って踏みます。前にも述べたように、貧乏ゆすりのような要領でチャレンジしてみましょう。

16分音符の連続　▶▷ Track 09

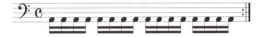

● ダウン・アップ奏法やヒール・アップ奏法などで、16分音符の連続を踏んでみましょう。足首のウォーミング・アップにも最適なので、ゆっくりとしたテンポから始めると良いでしょう。

3 バス・ドラムのオープン奏法とクローズ奏法

　バス・ドラムを踏んだ後に、ペダルのビーターをヘッドからすぐ離す奏法を【オープン奏法】、逆にビーターをヘッドに押しつけたままにする奏法を【クローズ奏法】と呼びます。

　細かい違いではありますが、バス・ドラムの音色やビートのニュアンスに影響を与えます。必要に応じて使い分けて多彩な表現が出来れば言うことありません。

▶▷ 各奏法の特徴

　オープン奏法はナチュラルで伸びやかな音色、一方のクローズ奏法はキレの良いタイトな音色が得やすくなります。この違いは、特にノー・ミュートやミュートの少ないバス・ドラムになるほど大きく表れてきます。ゆえにノー・ミュートのバス・ドラムを使用するジャズ・ドラマーなどはオープン奏法を好んで使用する人が多くいます（最近では、ジャズ系に限らず、ナチュラルな音色を好むドラマーには、オープン奏法を使う人が多くなってきています）。

　またオープン奏法は、踏んだ後に足首の力を抜いてビーターを返すため、脚を常にリラックスした状態にしていられることも利点のひとつ。ただしペダルの操作としてはオープン奏法のほうが難しいので、ビギナーにはまずクローズ奏法をしっかりとマスターすることをお薦めします。そして、バス・ドラムの表現の幅を広げるという意味でも、ある程度の経験者には、両方の奏法をマスターすることをお薦めしたいです。

▲オープン奏法（ビーターを返す）

▲クローズ奏法（ビーターを押し付ける）

▶▷ オープン奏法

ヒール・アップ奏法 【その1】

　ヒール・ダウン奏法におけるオープン奏法は、ビーターがヘッドに当たる瞬間に足首の力を抜いて反動に任せると、自然にビーターを戻しやすいでしょう。しかし、ヒール・アップ奏法における場合はやや難しく、慣れと練習が必要。

　踏んだ後にかかとを下ろすタイプのヒール・アップ奏法の場合は、かかとがフット・ボードに下りた瞬間に足首の力を抜いてつま先を戻します。フット・ボードに脚の裏全体をゆだねて、リラックスする感覚をつかめると良いでしょう。

①・②・③　ヒール・アップ奏法で踏み、ビーターがヘッドに当たると同時に足首の力を抜きビーターを戻す

ヒール・アップ奏法 【その2】

　常にかかとを上げているヒール・アップ奏法の場合は、ややコツが必要となります。ヒットした瞬間につま先の圧力をうまく逃して、脚全体をリラックスさせてペダルの上に軽く乗せて休ませる感覚をつかめると良いでしょう。つま先を乗せる位置をフット・ボードのやや手前側に移動したり、スプリングをやや強めに調整するというのもビーターを返しやすくする方法のひとつです。

　また、ヒール・アップのオープン奏法では、脚を引き上げる際につま先に不用意に圧力を加えてしまうと音が鳴ってしまいます。それを防止するには、股関節から脚全体を引き上げる感覚を意識すると良いでしょう。

▲ヒール・アップ奏法の場合、手前につま先を乗せると良い

バス・ドラムのオープン・クローズ奏法　　　　　　　　　　　　　▶▷ Track 10

●オープン奏法とクローズ奏法の音色の違いを聴いてみましょう。ドラマーの中には、ひとつのリズム・パターンの中で、オープン・クローズを巧みに使い分ける人もいます。

第 3 章

ハイハット奏法の
バリエーション

この章では、ハイハットの奏法を取り上げていきましょう。

ハイハットはスティックで叩いたり足で踏んだり、

その組み合わせでさまざまな音色が出せます。

また、ドラム・セットの中では、

唯一自分の意思で音の長さをコントロールできる、

とても奥の深い楽器です。

この本ではフットワークからの視点で解説していきましょう。

スティックで叩く際のフットワーク

　まずはハイハット・シンバルをスティックで叩く時のフットワークを解説しましょう。
　ハイハットは踏み込む力加減で、ビートを刻んだ時のシンバルのニュアンスが大きく変化します。半開きのハーフ・オープンで荒々しく刻むのも、きっちりと閉じてタイトに刻むのも、左足のつま先の微妙な圧力の差でコントロールできるのです。

▶▷ クローズ

　左足のペダルを踏んで、2枚のシンバルが閉じた状態。ハイハットをスティックで叩く際の基本型です。ハイハットを閉じる踏み込みが強いとタイトなキレの良い音色になり、緩いと太くてややルーズな音色になります。クローズをキープする時の脚の状態は、バス・ドラムと同じくヒール・ダウンとヒール・アップの2種類があり、ヒール・アップのほうがハイハットを強く踏み込みやすいです。ビギナーの場合は、無意識にハイハットがルーズになってしまうケースがありますが、そのような場合はヒール・アップを意識すると良いでしょう。

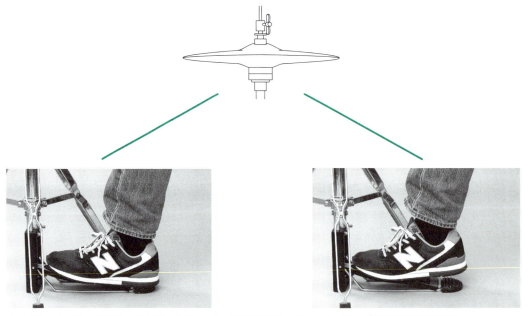

▲ハイハットがルーズになってしまいがちな人は、右の写真のようにヒール・アップを意識すると効果的

第3章 ハイハット奏法のバリエーション

▶▷ ハーフ・オープン

　左足のつま先を少し弛めて、ハイハットを半開きの状態にして叩く奏法。"シャー"という音色で、ハードなビートを刻みたい時には欠かせません。

　シンバルの開き具合は、叩く強さや、上のシンバルのフェルトの弛め具合にもよりますが、上下のシンバルが擦れ合うくらいで、なおかつ音が充分に伸びるポイントが良いです。シンバルが開き過ぎると、上のシンバルしか鳴らせなくなり、"チャーン"といった軽い音になってしまうので注意。2枚のシンバルのハーモニーが大切なのです。良い音のするポイントをつかんだら、音色を一定に保つために、そこから足首を動かさないようにして演奏しましょう。

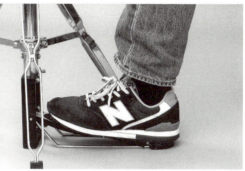

▲スティックのショルダーで、シンバルのエッジ部分を叩く。ポイントを決めたら足首を動かさないように

ハイハット・クローズからハーフ・オープンへ　　▶▷ Track 11

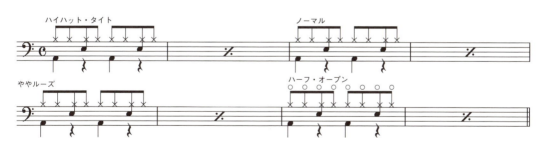

●ハイハットの踏み込み具合を変化させて、8ビートに表情を付けてみましょう。タイトにハイハットを踏み込む時はヒール・アップ。そして、次第にヒール・ダウンになり、ハーフ・オープンではつま先を上げるというように変化していきます。

▶▷ ハイハット・オープン・クローズ

ハイハット・クローズの状態から部分的にハーフ・オープンして、その後またクローズする奏法。

単にハイハット・オープンと呼ばれることも多いです。脚の動きはヒール・アップとヒール・ダウンの2種類に大きく分けられます。

【その1】 ヒール・アップ

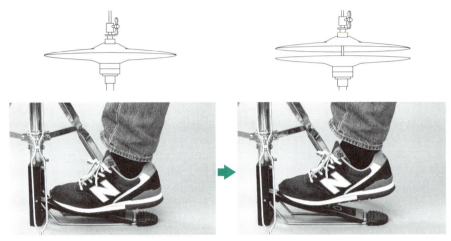

▲かかとを上げたクローズの状態から、脚全体を持ち上げるようにしてオープンする

【その2】 ヒール・ダウン

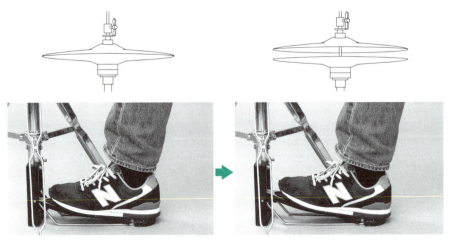

▲かかとを下ろしたクローズの状態から、つま先を持ち上げてハイハット・オープンする

8分ウラのオープン（ディスコ・ビート） ▶▶ Track 12

●ハイハットの8分ウラをオープンしたパターンです。3小節目からはバス・ドラムとスネアを加え、俗にディスコ・ビートと呼ばれるリズムになります。譜面のハイハットの上に○印が付いている部分がオープン、＋印の部分はクローズになります。ただし、＋印は3小節目からの記譜のように省略されることも多いです。ここのオープンはヒール・ダウンで踏んでいますが、音色を安定させるためにはオープンとクローズのシンバルの切り替えの移動を素早く行なうことがポイント。拍のアタマのクローズを踏むタイミングと、スティックで叩く音がきちんと揃うことも意識しましょう。

POINT! ヒール・アップのオープンはシャープでキレの良い音を出しやすく、細かい16分音符などにも対応しやすいです。ただし、長い音符をオープンする場合は、脚を長時間持ち上げてキープする必要があるため、腿や股関節に負担がかかります。したがって4分音符や8分音符などの長めの音符では、安定感のあるヒール・ダウンのほうが演奏しやすいと言えます。初心者の場合はまず、ヒール・ダウンからマスターして欲しいと思います。

踏んで音を出す際のフットワーク

次はペダル・ワークだけで音を出す奏法を解説しましょう。
ふだんよく耳にするフット・クローズ音だけでなく、ペダル・ワークのみでクラッシュ音を出すフット・クラッシュなど、けっこうバリエーションがあるものです。

▶▷ フット・クローズ

左足でペダルを踏んで、"チャッ"と音を鳴らす奏法です。ライド・シンバルでリズムを刻む時やフィルインの最中に、リズム・キープやビートにメリハリを加えるために踏まれることが多いものです。踏み方のバリエーションはオープン・クローズ奏法の項と同様に、主にヒール・アップ奏法とヒール・ダウン奏法の2種類に分けられます。

ヒール・アップ

①・②・③　かかとを上げてシンバルをクローズした状態から、脚全体を持ち上げてハイハットを鳴らす

ヒール・ダウン

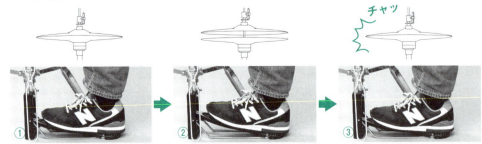

①・②・③　かかとを下ろしてシンバルをクローズした状態から、つま先を持ち上げてハイハットを鳴らす

ヒール&トゥ奏法

2拍4拍にハイハットを踏む場合によく使われる奏法です。

脚をシーソーのように動かすのが特徴的で、かかとのカラ踏みで1拍3拍の休符部分を感じることができるためリズムをキープをしやすくなります。ジャズの4ビートなどで2拍4拍にハイハットを踏むときには定番的に使用されるテクニックです。

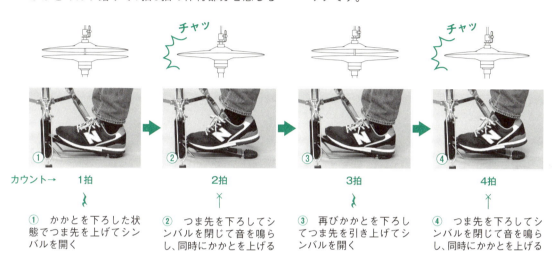

① かかとを下ろした状態でつま先を上げてシンバルを開く

② つま先を下ろしてシンバルを閉じて音を鳴らし、同時にかかとを上げる

③ 再びかかとを下ろしてつま先を引き上げてシンバルを開く

④ つま先を下ろしてシンバルを閉じて音を鳴らし、同時にかかとを上げる

フット・クローズのバリエーション　▶▶ Track 13

● 8ビートに絡めて、フット・クローズのバリエーションを踏んでみましょう。①の2拍4拍で踏むパターンはヒール&トゥ奏法。②〜④はヒール・アップとヒール・ダウンの両方を試してみましょう。

▶▷ フット・クラッシュ

　ペダルを踏んですぐ戻すことにより、足のみで"シャーン"というクラッシュ音を出す奏法。フット・スプラッシュとも呼ばれます。リズム・パターンやドラム・ソロの時に踏んでリズム・キープしたり、ブラシ演奏時などにクラッシュ・シンバル的に使用したりします。

　この奏法もヒール・アップとヒール・ダウンの2種類があります。ヒール・アップはアタック感の効いた音色。ヒール・ダウンは柔らかい音色を得やすい傾向になります。

【その1】　ヒール・アップ

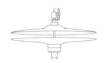  

① ヒール・アップした状態からスタート

②・③ かかとでフット・ボードを前方に蹴るように踏み、瞬間的につま先の力を抜く。ヒット後はかかとを下ろす

【その2】　ヒール・ダウン

① ヒール・ダウンでペダルを踏む

②・③ シンバル同士が当たると同時につま先の力を抜きシンバルを離す。どちらの奏法もバス・ドラムのオープン奏法と同じようなイメージを持つと踏みやすいだろう

フット・クラッシュ

▶▶ Track 14

● フット・クラッシュでリズム・キープしながら、3連符のジャズ風ソロを叩いてみましょう。譜例はひとつの例であり、自分でいろいろと自由に遊んでみると良いでしょう。

▶▶ フット・オープン・クローズ

　フット・クラッシュとフット・クローズを連続して繰り返し、足のみでハイハット・オープン・クローズを演奏する奏法。バス・ドラムのダウン・アップ奏法のように、足首を中心にしたシーソーのような動きになります。リズム・パターンに組み込んだり、ドラム・ソロの中で使われたりします。

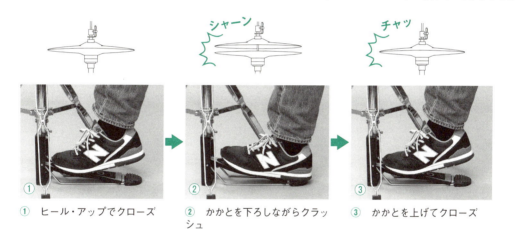

① ヒール・アップでクローズ
② かかとを下ろしながらクラッシュ
③ かかとを上げてクローズ

フット・オープン・クローズ

▶▶ Track 15

● 8分音符のアタマをオープンしたフット・オープン・クローズに合わせて、タムを使ったラテン風パターンを叩いてみましょう。

ゴースト・モーション

経験豊かなドラマーのプレイを見ると、左足を4分音符や8分音符のタイミングで常に動かしている人が多いことに気付くでしょう。これは左足のかかとを音を鳴らさないように上下させてリズムをキープする動作で、ゴースト・モーションと呼びます。

▶ ゴースト・モーション

①・②・③ つま先の圧力を変えずに、かかとを上下させてリズムをとる

ライド・シンバルでリズムを刻んでいる時はフット・クローズ。ハイハットでリズムを刻む時はゴースト・モーション、というように常に左足を足癖のように動かしているドラマーは多くいます。従って、フット・クローズの役割の延長線上に、ゴースト・モーションがあると考えても良いでしょう。

左足で一定の4分音符や8分音符をキープすることで、プレイが安定するという以外にも、左足を基準にして手足のコンビネーションのフレーズが叩きやすくなったり、バス・ドラムのビートが安定するという利点も挙げられます。ただしゴースト・モーションによって、ハイハット・オープン・クローズ奏法がやりにくい場面が出てきたり、ハイハットを叩くビートに自分の意志とは違うニュアンスがつきやすいというデメリットもあります。

ゴースト・モーションは、あくまでも意識して止めたり動かしたりできることが理想で、"このモーションなしではリズム・キープできない"といった、ゴースト・モーション依存症にならないようにしましょう。

POINT! ハイハットに不本意にニュアンスがつくのを避けるためには、かかとを上げた時にシンバルが浮き上がらないように、常につま先の圧力を一定に保つことが大切です。足の指に力を入れ過ぎないで、常に親指の付け根あたりがフット・ボードに密着するように意識することや、必要以上にかかとを上げ過ぎないことがポイント。また、かかとをフット・ボードに着くまで下ろさずに、空中で"貧乏ゆすり"のように上下運動する場合も多いです。

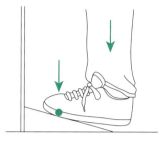
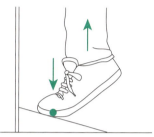

▲かかとを下げる時も上げる時も、親指の付け根の拇指球あたりに一定の圧力をかけることを意識できると良い

▶▷ ハイハット奏法のまとめ

　以上、左足のハイハットの奏法をいろいろと解説してきました。

　普段フットワークというと、どうしても右足に意識がいってしまいがちです。しかし、右足とのコンビネーションも含めて、左足を鍛えることは、フットワーク・テクニックの向上において、避けては通れない道。じっくりと時間をかけて練習してください。

column2

脚の動きのイメージを持つ！

　脚は手のように器用ではありません。そのため全体の動きを漠然と捉えてペダルを操作している人が多いように思います。脚をよりシャープにコントロールするには、動きの構造を図のように視覚化してイメージするのも良い方法です。

●ヒール・ダウンのイメージ

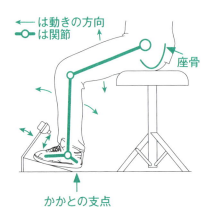

●ヒール・アップのイメージ

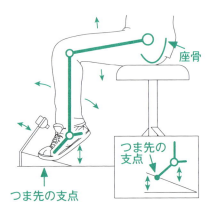

　ヒール・ダウンの場合は足首の動きを中心に叩く奏法です。しかし、かかとの支点を中心に足首を動かすと、それに付随するスネの骨や太腿も自然と動くもの。したがって、脚の付け根やヒザに力が入って硬くなってしまっては足首も動かなくなります。リラックスして脚全体で踏むような意識を持つと良いでしょう。

　ヒール・アップの場合は、つま先の支点を中心に足首を下に落とすイメージを持つと良いでしょう。そうするとビギナーにありがちな、つま先が勝手に前方に流れてしまうという現象も避けられます。また、足首とペダルの接点は、足の裏とフット・ボードが一体となってアコーディオン・カーテンのように、じゃばら式に伸び縮みするイメージを持つとわかりやすいでしょう。

第4章
リズムの中での
フット・コントロール

この章では、リズム・パターンにおける

フットワークの使い方を挙げていきましょう。

初めは初歩的なパターンから入っていきますが、

ある程度の経験者も決して甘く見ず、

もう一度チェックして見直してください。

またパターンを練習する時は、最低3分から5分くらいは止まらずに、

ひとつのテンポをキープして叩くことが大切です。

ベーシックなビート

まずはシンプルな8ビートから始め、シャッフル、16ビートなどの代表的なリズム・パターンを、フットワークを意識して練習してみましょう。

ふだんよく耳にするパターンや、バンドなどで叩いたことのあるものも多いはず。ひとつのテンポに慣れたら、速さをいろいろと変えて練習することが大切です。

▶▷ 8ビート

バス・ドラムはアンサンブルの中では、心臓の脈動のようにビートを生き生きと邁進させる大切な役割を担っています。

まずは8ビートにおける基本的なバス・ドラムを叩き比べて、それぞれのビート感の違いを感じてみましょう。

8ビート・トレーニング①　▶▷ Track 16

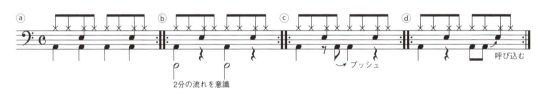

ⓐ 4分音符で踏む型で、ディスコ・ビートやダンス・ミュージックでよく使われるパターンです。タイトな4分音符のノリが強調されます。

ⓑ 1拍3拍のみにバス・ドラムを踏んだパターンは、音の構成はaと似ていますが、2分音符のフィールが強調されることで流れに幅が感じれると思います。大きな2拍づつのサイクルを感じながら演奏してみましょう。

ⓒ 8ビートの代表的なバス・ドラムのパターンです。大きな2拍サイクルの2ビート系のノリを意識しながら、2拍目のウラの8分音符のバス・ドラムで、3拍目のアタマを勢い良くプッシュする気持ちで演奏してみましょう。

ⓓ こちらも8ビートの代表的なパターンです。3拍目のウラの8分音符のバス・ドラムで、4拍目のスネアを呼び込むような気持ちで演奏してみましょう。同じパターンでも、このようにビートの流れに気を使いながら取り組むと、練習に奥行きができてきます。それぞれのパターンにじっくりと時間をかけて取り組んで欲しいと思います。

8ビート・トレーニング② ▶▷ Track 17

● 8分音符のウラのバス・ドラムを強調したパターンです。慣れないとウラのバス・ドラムのタイミングが速くなりやすいので注意してください。しっかりとビートの流れをハイハットなどで感じながら、毎回同じタイミングをビーターを戻してくることを意識してください。例えば、アップ・テンポでは拍のアタマ（**譜例Ⓐ**）、ミドル・テンポ以下では、直前の16分音符のウラ（**譜例Ⓑ**）を目安にして、脚を引き上げるタイミングを計るのも良い方法です。またバス・ドラムにつられてハイハットにアクセントがつかないこともポイントです。

アップ・テンポのロック・ビート ▶▷ Track 18

● ハイハットを4分音符で刻んだアップ・テンポのロック・ビートです。バス・ドラムはヒール・アップ奏法でシャープに踏んでみましょう。バス・ドラムをウラで踏む部分は、拍のアタマのハイハットを意識して、ビーターを戻すタイミングを計ると良いでしょう。またハイハットを刻む右手が脚につられないように、常に一定のストロークで刻むこともポイントです。

▶▷ シャッフル

3連符のふたつ目の音符を休符にした、"タッタ、タッタ"とハネたフィールのシャッフル・ビート。8ビートと同様に4つの基本的なバス・ドラムのパターンを踏んでみましょう。

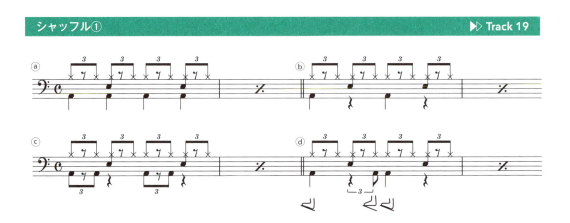

ⓐ 最もシンプルな4分音符ですが、シャッフル特有のノリを出すのは意外に難しいものです。ポイントは足を踏むサイクルにも3連符の流れを感じることですが、そのためには3連符のウラ（3連符の3打目）のハイハットを意識して、ビーターを戻すタイミングを計ると良いでしょう。

ⓑ 2分音符の流れのパターンです。2拍4拍のウラのハイハットを意識して、脚を1拍3拍に落とすように踏んでみましょう。

ⓒ 1拍、3拍のウラにバス・ドラムを踏んで、2拍、4拍目をプッシュするパターンです。1拍、3拍目の3連符のふたつ目休符をよく意識して、脚の流れをつかんでください。2拍4拍のアクセントは、スネアとバス・ドラムをペアで捉えて、"ドタッ！"とひと固まりで歌うとノリを出しやすいでしょう。

ⓓ 2拍目のウラから3拍目のアタマをプッシュするように2連打するパターンです。ここではヒール・アップ2種混合ダブルで踏んでいますが、色々と試してしっくりくる奏法を見つけてほしいと思います。

第4章　リズムの中でのフット・コントロール

シャッフル② ▶▶ Track 20

●バス・ドラムで3連符のウラを強調したパターンです。ウラのバス・ドラムのタイミングが速くなりやすいので注意してください。"ツクト・ツクト"などと3連符のイメージを歌いながら演奏するのも良い方法です。

シャッフル③ ▶▶ Track 21

●シャッフルの音型をバス・ドラムで強調したパターンです。このようなバス・ドラムは足先ではなく腰や体幹から踏むような感覚が大切になります。身体に3連符のノリを染み込ませる気持ちで練習してください。

シャッフル④ ▶▶ Track 22

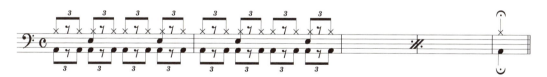

●シャッフルの音型をバス・ドラムで連打するブギー系のパターンです。ヒール・アップ奏法のダブルやスライド奏法で拍のアタマを強めに踏むと良いでしょう。ダブルのフットワークのトレーニングにも最適なパターンです。

▶▷ 16ビート

16ビートのバス・ドラムのパターンを色々と踏んでみましょう。

16ビートではハイハットなどの手のバリエーションも増えていきます。

16ビート① ▶▷ Track 23

ⓐ　スロー・テンポの16ビートのパターンで、ハイハットは片手で16分音符を刻んでいます。16分音符のバス・ドラムは色々な奏法を試してほしいと思いますが、テンポによってはひとつ打ちの連続で踏むことも可能でしょう。ダブルの2打目となる3拍目の音が小さくならないように注意してください。

ⓑ　右左交互打ちで16音符のハイハットを刻むパターンです。ヒール・アップ奏法やスライドを奏法を中心に試してみると良いでしょう。2拍目のウラのバス・ドラムは左手のハイハットと同時に演奏しますが、慣れないとタイミングがズレやすい部分です。意識としては「左と揃える」よりも「右手の間に踏む」というほうが演奏しやすいかもしれません。またダブルの1打目を強く押し込みすぎるとビーターの返しが悪くなり、2打目の音量やスピードが得られなくなるので注意してください。

ⓒ　ハイハットを8分音符で刻むタイプの16ビートです。ポイントはⓑとほぼ同じになります。16ビートのバス・ドラムの基本練習は、以上の3タイプのハイハットと組み合わせて取り組むと効果的です。

16ビート② ▶▷ Track 24

● 16ビートのハイハットに8分音符のバス・ドラムを踏むパターンです。8分音符のバス・ドラムの間の、左手のハイハットの音をよく聴きながら演奏すると、バス・ドラムがハイハットとうまく絡み合うでしょう。

16ビート③　▶▶ Track 25

● 16分音符のウラにバス・ドラムを踏むパターンです。ビーターをシャープに返してキレよく踏んでみましょう。脚につられてハイハットの刻みにアクセントがつかないこともポイントです。

16分音符のダブルを踏むパターン　▶▶ Track 26

ⓐ　片手でハイハットを刻む16ビートです。ダブルの2打の音量をできるだけ揃えるように意識してみましょう。完全ヒール・アップ奏法などがお薦めです。

ⓑ　こちらは、ビートの勢いを失わないようにダブルを踏むことが大切。2種混合ダブルやスライド奏法で踏むと良いでしょう。

16分音符の手足のコンビネーション　▶▶ Track 27

● スネアとバス・ドラムのコンビネーションで、16ビートのノリを出していくパターンです。バス・ドラムとスネアがタイミング良く絡み合うように、フレーズを口で歌いながら叩くのも良い方法です。

▶▷ スロウ３連系

スロウ３連系①　▶▷ Track 28

● スロウの３連系ビートの基本パターンです。ゆったりとした３連のノリを崩さないように意識してバス・ドラムを踏みましょう。２小節目から３小節目への３連打もひとつ打ちの連打で踏んで良いでしょう。

スロウ３連系②　▶▷ Track 29

● ３連のウラを強調したパターンです。バス・ドラムがどこの位置に入ろうと、"ツクツ・ツクツ"という３連系の流れを見失わないようにすることが大切です。

スロウ３連系③　▶▷ Track 30

● 16分音符のバス・ドラムを絡めて、スピード感を演出したパターンです。16分音符のバス・ドラムは直後の８分音符をプッシュする装飾音符のような感覚で演奏してみましょう。

▶▷ ハネ系

ハネたリズム①（16分音符）　▶▷ Track 31

● ハネた16分音符のリズム・パターンです。ヒップホップ系の曲などで使われます。ハネるタイミングは厳密に3連符とは限らずに、実際には16分音符と3連符の間の微妙なニュアンスという場合も多いです。

ハネたリズム②（ハーフタイム・シャッフル）　▶▷ Track 32

● ハーフ・タイム・シャッフルと呼ばれるハネたフィールのリズム・パターン。カッコに入れたスネアのゴースト・ノートが難しい場合は、まずは省略して練習してください（譜例Ⓐ）。慣れないと3連符のウラのバス・ドラムが早くなりやすいパターンなので、少しタメ気味に意識するのも良い方法です。

ハネたリズム③（3連符のアタマ抜き連打）　▶▷ Track 33

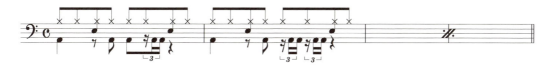

● 3連符のアタマ抜きの音型を連打するパターンです。装飾音符のようなフィーリングを意識して、ヒール・アップやスライド奏法で踏みましょう。休符のタイミングで素早くビーターを戻してくることがポイントになります。

▶▷ その他のリズム

ボサノヴァ ▶▷ Track 34

●クローズド・リム・ショットを使ったボサノヴァのパターンです。バス・ドラムはやや軽めのタッチを意識すると良いでしょう。ハイハットに関してはヒール＆トゥ奏法がお薦めですが、色々な奏法を試ししっくりくる両足のコンビネーションを見つけてほしいと思います。1拍3拍のバス・ドラムを少し強調するのもノリを出すポイントになります。

ジャズ・ビート ▶▷ Track 35

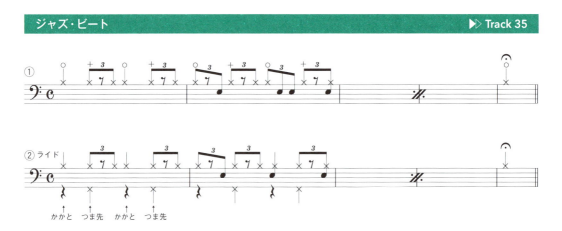

① ハイハット・オープン・クローズを使ったジャズ・ビート。2ビートの場面でよく使用されるパターンです。左足はヒール・ダウン奏法で、2拍4拍のウラから1拍3拍のアタマにオープンでつながるフィールを大切に演奏しましょう。

② ライド・シンバルでレガートを刻むスウィング・ジャズのパターンです。ハイハットはヒール＆トゥ奏法がお薦めです。シャープな音色を意識して踏んでください。

第4章　リズムの中でのフット・コントロール

サンバ　▶▶ Track 36

●俗にサンバ・キックと呼ばれるバス・ドラムのパターンで、2連打の練習としても代表的なフレーズになります。このような反復フレーズは"オスティナート"と呼ばれますが、手のパターンが色々と変化しても、フットワークは常に一定の保ち続けるという使い方が定番的だったりします。足癖のように何も考えなくても踏めるくらいまで繰り返し練習してみましょう。慣れない場合は、まずは手のパターンをシンプルなスネアの16分連打から始めるのも良いでしょう（譜例Ⓐ）。

---

column3

バス・ドラムのミュート法

　バス・ドラムには、音の余韻を減らしてアタックを強調するためにミュートを施すことが多いです。またミュートをすることで、ヘッドの余分な振動が抑えられて、ペダルが踏みやすくなるという効果もあります。

　最も一般的なミュート方法は、バス・ドラムの中に毛布やクッションなどを入れるもの。これは入れる量やヘッドに接する面積によって、ミュートの効果を調整できます（打面だけでなく、フロント・ヘッドにどれだけ接するかによってもサウンドは変化する）。

　その他にはスポンジを入れる、タオルをガム・テープで打面の好みの位置に貼る、市販のミュート・グッズを使う……など、さまざまな方法があり、それぞれミュートの効果も異なります。このあたりは個人の音色の好みもあるので、好きなドラマーの真似をしてみるのも良いし、さまざまな方法を試行錯誤してみるのも良いでしょう。

難易度の高いフレーズ

　ここからはバス・ドラムを2連打、3連打で踏むパターンや、手足のコンビネーションを使った、少し難易度の高いパターンを挙げてみましょう。こういうものを練習する時は、必ずゆっくりとしたテンポからスタートして、身体にフレーズをじっくり馴染ませることが大事です。

16分音符を連続して踏むパターン ▶▶ Track 37

● 16分音符のダブルとウラ打ちを混ぜたパターンです。音源ではひとつ打ちの部分はヒール・アップ奏法のかかとを下ろすタイプ、ふたつ打ちの部分はヒール・アップの2種混合ダブルで踏んでいます。自分に合った踏み方で構いませんが、ロックっぽくワイルドに踏んでみましょう。

16分音符の3連打 ▶▶ Track 38

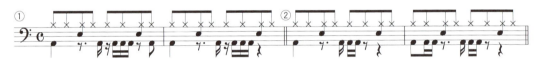

● 16分音符3連打のパターンです。ヒール・アップ奏法に、少しスライド奏法を混ぜても良いかもしれません。まずは、余裕のあるテンポから練習してみましょう。ハイハットと音が重なる部分をしっかりと揃えることもポイントです。

リニア・パターン ▶▶ Track 39

● 手足のコンビネーションを使ったファンク系のリズム・パターン。右手でハイハット、左手でスネアを叩いています。このように音符が同じタイミングで重ならないアプローチを"リニア・ドラミング"と呼びます。各パーツの音量バランスに注意して叩いてみましょう。後の項にある、手足のコンビネーションのエクササイズを練習してから取り組むと効果的です。

③ バス・ドラム・パターン・サンプル集

バス・ドラムのパターンのサンプルをたくさん挙げました。まずは譜面に記したように8ビートの手のパターンに合わせて練習してみましょう。それに慣れたらバリエーションに示したように手のパターンを、4分打ちのハイハット、シャフル、16ビート、ハーフ・タイム・シャフルなどに変化させて練習してみましょう。シャフルやハーフ・タイム・シャフルなどのハネたビート系では、バス・ドラムを ♪♩ または ♪♫ という解釈で演奏してください。また各々のパターンに慣れたら、ふたつのパターンをつなげて2小節パターンにしたり、1小節づつ順番にフレーズを移行していくなど、自分のアイデアでエクササイズをどんどん膨らませて欲しいと思います。

▶▷ **8分音符集**

▶▷ 16分音符集

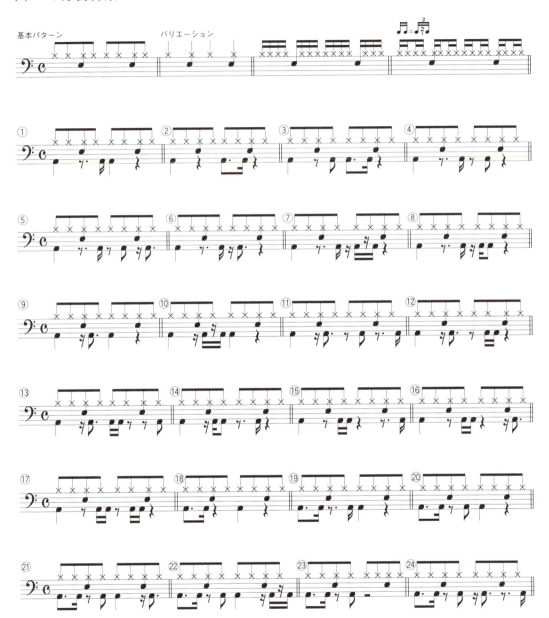

第4章　リズムの中でのフット・コントロール

67

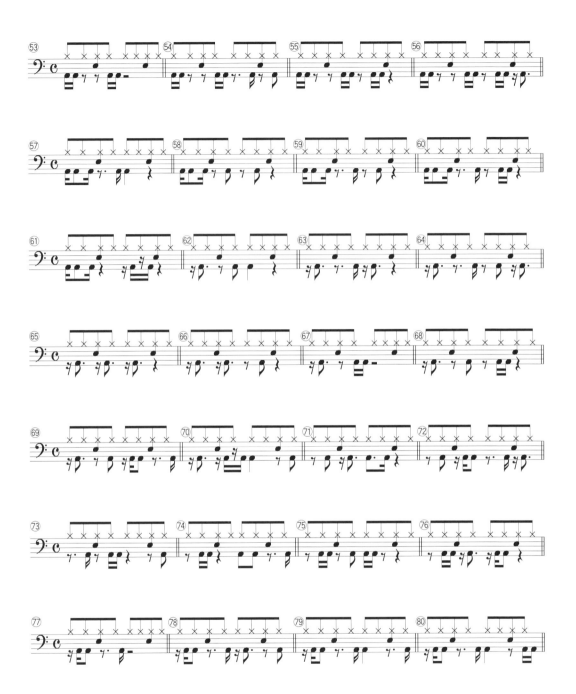

第 5 章
メカニカル・エクササイズ

この章では、フットワークを強化するトレーニング法を取り上げていきましょう。

こういったトレーニングは、メカニカルで、

あまり音楽的ではなく感じるかもしれません。

しかし、フットワークの感覚や身体のバランス感覚を鍛えるには

非常に効果的であり、応用してフィルインなど、

さまざまなフレーズに使えるものも多くあります。

スポーツ感覚で楽しみながら取り組んでください。

1 片足ずつのエクササイズ

まずは片足ずつを使ったエクササイズから。これは、左右両方の足でそれぞれ試してみましょう。

通常のドラム演奏では、手だけでプレイする機会はあっても、その逆は極めて少ないです。だからこそ、こういったエクササイズは足への神経を太くするのに非常に役立つのです。

チェンジ・アップ ▶ Track 40

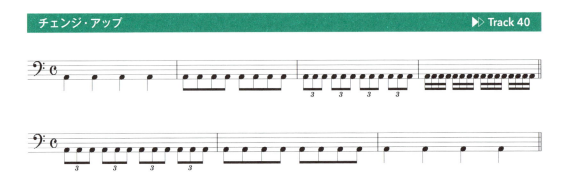

● 音符の細かさを1小節ずつ変化させていく、チェンジ・アップと呼ばれるエクササイズです。速さよりも、無理のないテンポで続けることが大切。各小節をそれぞれ4小節くらい繰り返してみるのも効果的です。

4分音符と8分音符のエクササイズ ▶ Track 41

第5章 メカニカル・エクササイズ

●4分音符と8分音符と休符を混ぜたエクササイズです。
いろいろなテンポで踏んでみましょう。

② 両足のエクササイズ

次は左右両足のコンビネーション・エクササイズです。

右足を軸に左足を踏むもの、逆に左足を軸に右足を踏むもの、それらが小節ごとに入れ替わるフレーズなどをご用意しました。両足のバランスを意識しながらチャレンジしてください。実戦に応用できるものも多く、ツーバスのトレーニングにも良いでしょう。

ハイハット・トレーニング　▶▶ Track 42

● Ⓐ、Ⓑのベーシック・パターンに対して、ハイハットのパターン①〜⑦を組み合わせるエクササイズです。音源ではサンプルとして、Ⓐパターンに①〜④のハイハット・パターンを組み合わせたフレーズを踏んでいます。ふだんドラムを叩いているのとまったく正反対の感覚に、最初は何とも気持ちの落ち着かない感じがするでしょう。左右の神経と身体のバランス感覚のトレーニングに良いエクササイズです。ひとつずつ組み合わせて練習してみましょう。

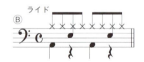

第5章 メカニカル・エクササイズ

左足のリズム・キープ　▶▶ Track 43

① 2拍4拍

② 2拍4拍

③ 4分音符

④ 4分音符

⑤ 8分ウラ

⑥ 8分音符

●左足のリズム・キープのためのエクササイズです。4種類のハイハットのフット・クローズのパターンに対して、バス・ドラムのパターンをいろいろと組み合わせてみましょう。足のトレーニングに慣れたら、手は8ビートやシャッフルのパターンを付けてみると良いでしょう。またP65〜68のバス・ドラムのパターン集とも組み合わせて練習してみましょう。

右足と左足のコンビネーション・トレーニング　▶▶ Track 44

●右足と左足のコンビネーション・トレーニングです。両足のバランス感覚と神経の分離を鍛えるのに効果があります。上段がバス・ドラム、下段がハイハットという記譜になっています。上体がブレないように意識して練習しましょう。

③ 手足のコンビネーション・エクササイズ

手足のコンビネーションのパターンをたくさん挙げてみました。

機械的な練習ですが、バス・ドラムの感覚を鍛えるのには非常に良い練習で、フィルインなどに実践的に応用できるフレーズも多いです。日々の練習メニューに採り入れてコツコツやってみてください。テンポはBPM40くらいのゆっくりからスタートすると良いでしょう。P78からは練習法のバリエーションを紹介します。

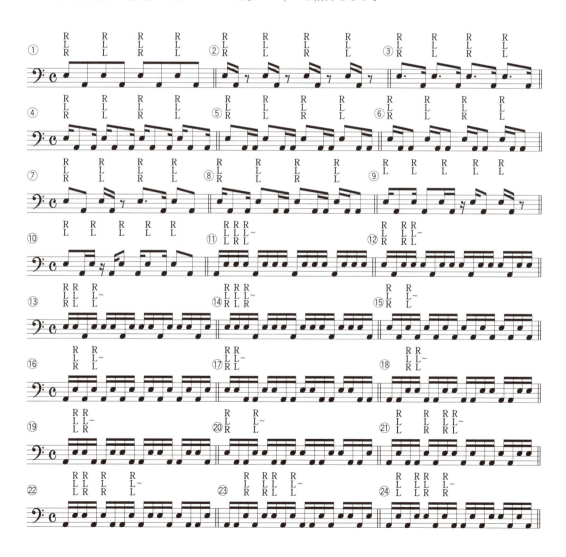

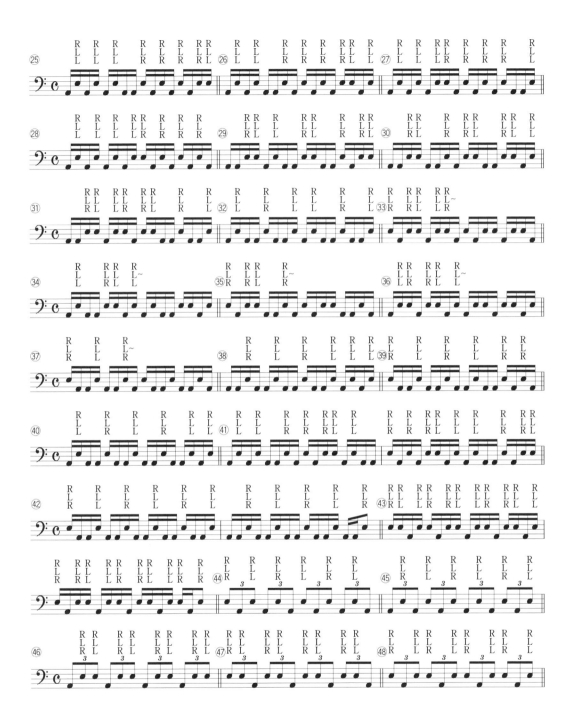

第 5 章　メカニカル・エクササイズ

手足のコンビネーション・トレーニング① ▶▶ Track 45

譜例Ⓐ

●まず、P75からのフレーズを譜面通りに演奏してみましょう。手順は右手のみ、左手のみ、右左交互、または **譜例Ⓐ** のように右左交互打ち（オルタネート・スティッキングと呼ばれます）の手の流れの中でバス・ドラムを箇所を抜く、など色々なバリエーションが考えられます。譜面の上にお薦め手順を記しましたので参考にしてください。それに慣れたら上に示したように、タムに移動するバリエーションも加えて発展させるのも良いでしょう。

手足のコンビネーション・トレーニング② ▶▷ Track 46

ⓐ

ⓑ

ⓒ

ⓓ

●手をフラム、またはスネアとフロア・タム、スネアとシンバルなど、ふたつの楽器の同時打ちで演奏しましょう。組み合わせはたくさん考えられますが、フィルインなどにそのまま使えるフレーズも多いです。

手足のコンビネーション・トレーニング③ ▶▶ Track 47

●バス・ドラムと同時にシンバル類を叩いてみましょう。リズム・パターンやキメなどを叩く際にも応用できます。音源ではシンバル類を右手、スネアを左手で演奏していますが、オルタネート・スティッキングでも試してみましょう。

第5章　メカニカル・エクササイズ

手足のコンビネーション・トレーニング④　▶▶ Track 48

●右手でハイハットやライドで8分音符や4分音符をキープしながら、左手のスネアとバス・ドラムで演奏してみましょう。

　以上の手足のコンビネーションのエクササイズは、アイディア次第でいくらでも発展させることができます。次のページにも例を示したので参考にしてください。

　無限の可能性を楽しみながらチャレンジしてみましょう。

手足のコンビネーション・トレーニング⑤　▶▶ Track 49

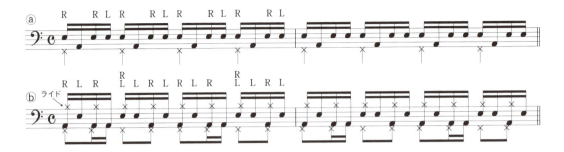

- 左足のフット・クローズで、4分音符や8分音符を踏みながら演奏します。フィルインやリズム・パターンを叩きながらの左足のリズム・キープ・トレーニングに良いです。

手足のコンビネーション・トレーニング⑥　▶▶ Track 50

- バス・ドラムの代わりにハイハットでコンビネーションします。難易度は高いですが、左足のトレーニングには非常に効果的。初めは足のダブルが入らないものから取り組むと良いでしょう。

両足のコンビネーション・トレーニング　▶▶ Track 51

- 手のパートを左足に置き換えてみたバリエーションです。ツーバスのトレーニングに採り入れても効果があるでしょう。左右の足順を入れ替えたパターンも練習してください。

第6章
ツーバス＆
ツイン・ペダル奏法

この章では、ツーバスやツイン・ペダルのフレーズや

トレーニング方法を取り上げていきましょう。

ツーバスとツイン・ペダルでは、

左足でバス・ドラムを踏む感覚に慣れることが大切なのは同じですが、

奏法やサウンドにやや違いがあります。

まず、そのあたりを少し頭に入れておくようにしてください。

① ベーシック・トレーニング

　ここではツーバスやツイン・ペダルを演奏するための基礎練習をやってみましょう。

　まずは左足でバス・ドラムを踏むことに慣れることが重要です。

　すべてのエクササイズは、最初に足だけで踏んでみて、それに慣れてから、8ビートの手のパターンを加えてみると良いでしょう。

▶▷ ツーバスとツイン・ペダルの違い

　ツーバスはバス・ドラムを2台鳴らすため、サウンドものびのびとオープン。両足を同時に踏んで（ボース・サウンド、ボース・アプローチと呼ぶ）迫力のある重低音を出す奏法も可能です。

　それに対して、ひとつのバス・ドラムを連打するツイン・ペダルは、必ず左右どちらかのビーターがヘッドに当たっているため、ヘッドがミュートされ、締まったタイトなサウンドとなります。また、ツイン・ペダルの場合は、左足を休符などで動かないで待っている時に、ビーターをヘッドに強く押し付けたままにしていると、ビーターでヘッドがミュートされて右足のバス・ドラムの音色に影響が出る場合もあります。それを嫌うドラマーは、左足をハイハットのフット・ボードに乗せるか、オープン奏法のようにビーターをヘッドから離して対処しています。このあたりは、ややツーバスより神経を使う部分になります。というわけで、実際のトレーニングに入っていきますが、すべての練習は最初はゆっくりしたテンポから始めて確実に練習することが大切です。

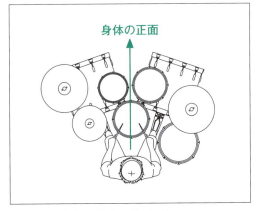

▲ツーバスの典型的なセッティング

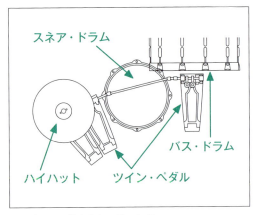

▲ツイン・ペダルのセッティング

ボース・サウンド　　　▶▶ Track 52

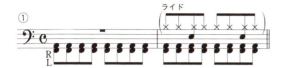

● ボース・サウンドのトレーニングです。腰に重心をしっかり落として、上体が前後左右に不安定にならないように意識して踏んでみましょう。左右ビーターのストロークや、腿の上下の動きが揃うように注意しながらタイミングを合わせていくと良いでしょう。ツイン・ペダルでは詰まった感じの音色になりますが、ビーターが同時に当たる感覚は得られるので練習になります。足だけの練習に慣れたら、8ビートの手のパターンを加えてみましょう。

左右のバランス・トレーニング　　　▶▶ Track 53

● 左右のバランスを鍛えるエクササイズです。やはり、上体がブレないように重心を意識しながら、左右のバランスを揃えるように踏んでみましょう。ツイン・ペダルの場合は、踏んでいなペダルのビーターをヘッドから離した状態で待っていられるとベターです。

8分音符と16分音符の踏み分け　▶▷ Track 54

● 8分音符と16分音符を踏み分けるエクササイズです。左足を優先して鍛える意味もあり、左足スタートの足順をふたつ記してありますが、逆の右足スタートでも踏んでみましょう。

左足のハイハットとバス・ドラムのペダル移動　▶▷ Track 55

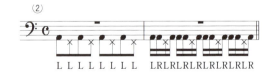

● 左足のハイハットとバス・ドラムのペダル移動のトレーニングです。まずは1小節目を充分に練習してから、2小節目の右足を加える練習をしましょう。

第6章　ツーバス＆ツイン・ペダル奏法

実践トレーニング

　ここでは実際の演奏で使えるリズム・パターンやフィルインにチャレンジしていきましょう。
　こういったフレーズは、まず辛抱強く個人練習して、それからバンドのアンサンブルの中で実際に叩いてみることを繰り返すうちに、次第に身に付くものです。焦らずに頑張りましょう。

ハード・ロック系パターン　▶ Track 56

●バス・ドラムを16分音符で連打するハード・ロック系のパターンです。このようなパターンを踏む際の足順の傾向としては、ツーバスのハード・ロック系のドラマーは右足スタート、ツイン・ペダルを使用するテクニカル系のドラマーは左足スタートが多いようです（もちろん、一概には言えないのですが……）。

3連系の連打　▶ Track 57

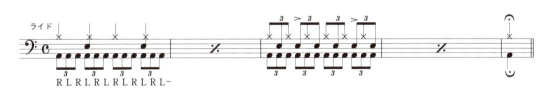

●3連系の連打パターンです。このパターンは右足からスタートするドラマーが多いように思います。3小節目からは手も3連符でシンクロしています。

3連符の休符を混ぜたパターン　▶▶ Track 58

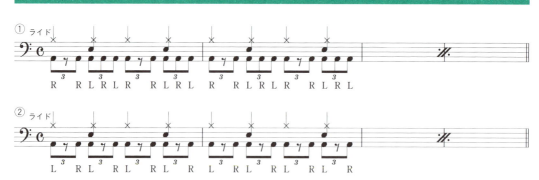

● 3連符の休符を混ぜたパターンを2種類挙げました。①は2拍4拍目の左手と左足が、しっかりと揃うように練習しましょう。②はシャッフルのパターンを踏むブギー・タイプのビートです。ワン・バスのふたつ打ちで踏むより、迫力とスピードが増してきます。脚は右足スタートでも良いでしょう。

ボース・サウンドを使ったツーバス・アプローチ　▶▶ Track 59

● ボース・サウンドを使ったツーバスのアプローチ。ツイン・ペダルでは出せない重低音が刺激的です。①、②は左足を4分音符、③は8分音符でキープしながら右足を絡めているのがポイント。

ハイハットとバス・ドラムの踏み分け　▶▶ Track 60

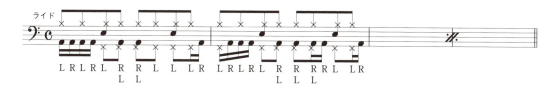

●左足を8分音符で常にキープしながら、ハイハットとバス・ドラムを踏み分けたパターンです。スマートにツイン・ペダルを使った、ファンクやフュージョン系のアプローチです。

シングルとダブルのコンビネーション　▶▶ Track 61

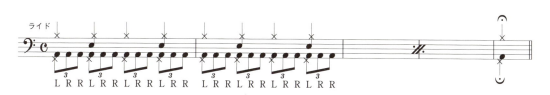

●シングルとダブルのコンビネーションを使って踏む3連系のパターンです。オルタネートで踏むよりもニュアンスは軽くなりますが、右足のダブルを速く踏める人には、足さばきがわかりやすく、踏みやすいパターンと言えます。右足のダブルのトレーニングにも最適です。または、左足はハイハットとバス・ドラムのペダルを同時に踏んで音を出してます。これは、ヒール＆トゥ奏法（P100コラム参照）などと呼ばれ、特にツイン・ペダルではよく使われるテクニックです。

バス・ドラムを装飾音符的に使ったパターン ▶▶ Track 62

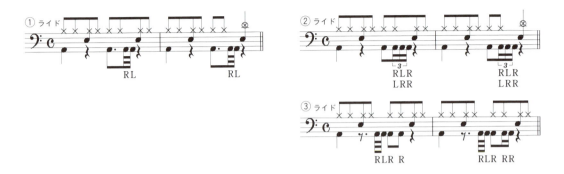

● バス・ドラムを装飾音符的に使ったパターンです。①、③はラフ、②は4ストローク・ラフと呼ばれる装飾音符になります。拍のアタマに向かって勢い良くプッシュするフィーリングが大切になります。

手足のコンビネーション・フレーズ ▶▶ Track 63

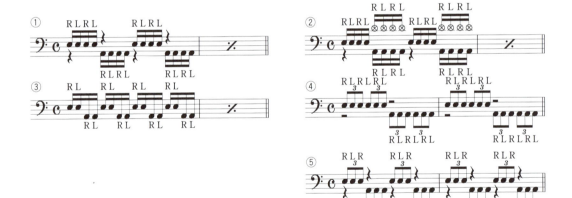

● 手足のコンビネーション・フレーズのエクササイズです。フィルインやドラム・ソロなどに多く用いられます。バス・ドラムは左右両方からスタートできるように練習すると良いでしょう。また、バス・ドラムにクラッシュ・シンバル類をシンクロさせるフレーズも、ドラム・ソロの定番なので練習しておきましょう。

第 7 章
フレーズを彩るための
ハイハット・テクニック

この章では、リズム・パターンにおける

実践的なハイハットの使い方を、

いろいろと紹介していきましょう。

基本的なハイハット・オープン・クローズから

応用編、そしてフット・クラッシュまで。

また、有名ドラマーの名フレーズもたくさん出てきます。

ハイハット・オープン・クローズ奏法

リズム・パターンの中で、ハイハットのオープン・クローズを使ったものを数多く挙げてみました。オープン・クローズは、リズムを勢い良くプッシュしたり、逆に息継ぎのようにひと呼吸入れるような役割を果たしたり、リズムに多彩な表情を加えることができます。そのあたりの表現を自分なりに意識しながら練習すると効果的です。

8ビート　▶▶ Track 64

● 8ビートのなかでウラ拍にハイハット・オープンを入れるパターンです。オープン後にハイハットを閉じるタイミングと、スティックで叩く音が同時にきちんと揃うことが大切。また、ソフトな演奏を心がける時以外は、スティックのショルダーでシンバルのエッジを叩くようにしましょう。3、4小節目は、ハイハット・オープンの位置にバス・ドラムを同時に踏み、ウラ拍を強調しています。オープン以外の部分はしっかりとクローズして、メリハリ良く叩きましょう。

　以下に同様のフレーズ例を数多くあげましたので、練習してみましょう。

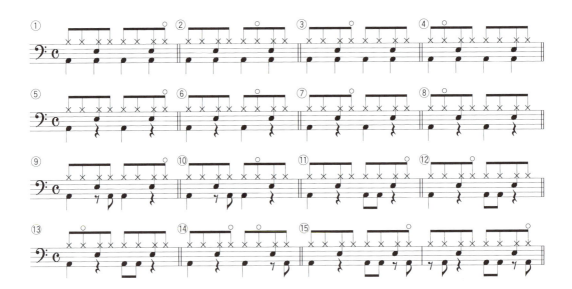

第7章 フレーズを彩るためのハイハット・テクニック

16ビート　▶▶ Track 65

● 16ビートにおける、8分音符と16分音符のウラにハイハット・オープンを入れるフレーズです。16分音符のオープンは、ヒール・アップ奏法で踏むと良いでしょう。♫というオープンのフレーズは、ふたつ目の音まできっちりとクローズしておき、最後の8分音符のみ確実にオープンすることがポイントになります。難易度が高いので、まずは各小節をそれぞれ個別に練習してから組み合わせにチャレンジしてみましょう。

また下に同様のフレーズ例を挙げましたので、それぞれ練習してみましょう。

93

ファンク・リズム① ▶▶ Track 66

● ジェーム・ブラウンの「コールド・スウェット」という曲で叩かれている有名なパターンです。1, 3小節目の8分ウラのオープンの音を4拍目でシャープに閉じることで、その後のウラ拍にズレたスネアを効果的に聴かせることができます。

ライドとハイハット・オープンのコンビネーション ▶▶ Track 67

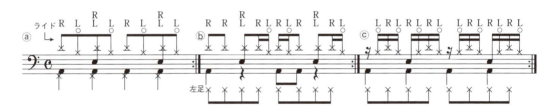

● 右手でライドを刻みながら、左手でハイハット・オープンを叩くパターンです。両手の音がうまく絡み合うように意識して叩きましょう。

ⓐ 右手でライド・シンバルを4分音符で叩きながら、左手で8分ウラのハイハット・オープンとスネアを叩き分けるパターン。右手はライドのカップを叩くのも効果的です。

ⓑ 右手でライド・シンバルを8分音符で刻みながら、左手で2拍4拍のスネアと16分ウラのハイハット・オープンを叩き分けるパターンです。左足を常に8分音符で踏み続けながら演奏するドラマーも多いでしょう。

ⓒ スティーヴ・ガッド風16ビート。右手はライドとスネアを往復して、左手でハイハットを刻んでいます。ハイハット・オープンは騒がしくなり過ぎないように、音量バランスを意識して踏むのがポイントです。左足は常に8分音符で踏み続けることで、ウラの連続オープンが可能になります。

第7章 フレーズを彩るためのハイハット・テクニック

ファンク・リズム② ▶▶ Track 68

●アンディ・ニューマークがスライ&ザ・ファミリー・ストーンで叩いていたパターンです。ハイハット・オープンが独特な間を醸し出すファンク・ビートで、ハイハットは右手、スネアを左手で叩いています。

拍のアタマをオープンするパターン ▶▶ Track 69

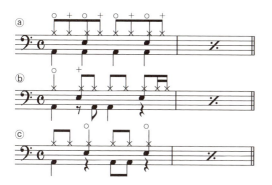

●拍のアタマをハイハット・オープンするパターンです。

ⓐ 左足を8分のウラで踏むパターンです。

ⓑ 4分音符の長さをしっかり伸ばすパターンです。4拍目の16分音符のハイハットでアタマのオープンを押し出すようなフィーリングで叩いてみましょう。

ⓒ 2拍4拍をハイハット・オープンで強調したパターンです。荒っぽくロック・フィールで演奏しましょう。まずはハイハット・オープンをすべてヒール・ダウンで処理することをお薦めします。

ラテン・ロック風&サンバ・パターン ▶▶ Track 70

●拍のアタマをオープンした、ラテン・ロック風のパターンとサンバ・パターンです。

ⓐ 拍のアタマをオープンしたラテン・ロック風パターンです。ハイハットは、パーカッションのギロのようなイメージで粘っこく叩いてみましょう。

ⓑ 拍のアタマをオープンしたジェフ・ポーカロ風サンバ・パターンです。まずは、♫というハイハットのパターンだけを練習してから、サンバ・キックを加えていくと良いでしょう。

95

ファンク・リズム③　▶▶ Track 71

- 1拍3拍のアタマで、ハイハットを4分音符でオープンし、それに左手のゴースト・ノートを絡めたビートです。スティーヴ・ジョーダンが"24丁目バンド"で叩いていたパターン。

ファンク・リズム④　▶▶ Track 72

- タワー・オブ・パワーのドラマー、デヴィッド・ガリバルディが、「スクイブ・ケイクス」という曲で叩いたパターンです。ハイハット・オープンは、16分音符の長さでキレ良く叩かれています。ハイハットの左脚を、16分のウラで踏むのが難しいところです。

ラテン・ファンク風パターン　▶▶ Track 73

- ジェフ・ポーカロ風、ラテン・ファンク系のパターンです。拍のアタマのオープンと16分ウラのオープンのコントラストをしっかり出すことがポイントです。

第7章 フレーズを彩るためのハイハット・テクニック

 フット・クローズ奏法

　フット・クローズをリズム・パターンに組み込んだフレーズを練習してみましょう。実際にバンド・アンサンブルの中で使うには、かなり練習の必要なパターンもあります。しかし、スティックで叩いたハイハット・クローズの音とはひと味違う音色で、独特な表情があり魅力的です。ひとつ上の表現力を身に付けたい人は、ぜひモノにしてください。

フット・クローズでアクセント　　▶▶ Track 74

● 右手でハイハットを刻みながら、フット・クローズを加えてアクセントをつけるパターンです。手の強弱で付けるアクセントとはひと味違う、独特のニュアンスが生まれます。ハイハットにオープンの音が混じらないようにタイミング良く踏むことがポイントです。

3連符のウラ踏みパターン　　▶▶ Track 75

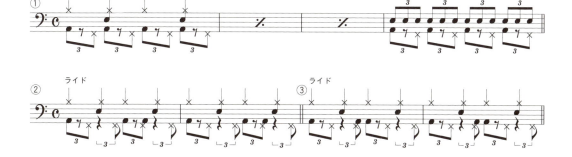

● ハイハットを3連符のウラに踏むシャッフル・パターンで、独特なスウィング感を得ることができます。4小節目の3連符に合わせたフレーズのみを繰り返して練習するのも良いでしょう。

97

フット・クローズを組み込んだリニア・パターン　▶▶ Track 76

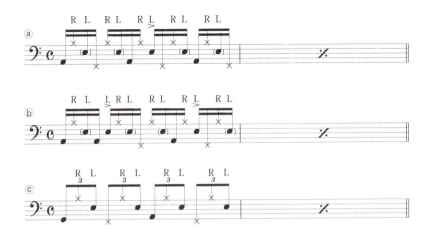

● リニア・ドラミングにハイハットのフット・クローズを組み込んだパターンです。叩くハイハットと踏むハイハットのコントラストが面白い効果を演出します。難易度は高いですが、まず予備練習として ⓒ のようなコンビネーションで練習するとコツをつかみやすいでしょう。

左足クラーベを踏んだソンゴ・パターン　▶▶ Track 77

● ディヴ・ウェックルのプレイで有名になった、ラテン系のリズムのひとつで、ソンゴのパターン。ラテン系のビートの核となるクラーベというリズムを、左足のハイハットのフット・クローズで踏んだ難易度の高いパターンです。難しい場合は、まずは手のみのコンビネーションと脚のみのコンビネーションを、それぞれ別々に練習してから取り組んでみると良いでしょう。

フット・クラッシュ、フット・オープン・クローズ奏法

フット・クラッシュやフット・オープン・クローズ奏法を使うと、両手でシンバル類を叩かないパターンを演奏しながらでも、シンバルのクラッシュ音を加えられます。

フット・クラッシュを使ったモザンビーク ▶▶ Track 78

- モザンビーク（モザンビーケ）と呼ばれる、アフロ・キューバン系のリズムを4分音符のフット・クラッシュに合わせて叩いたパターンです。スティーヴ・ガッドが演奏して有名にしたものです。右手はカウベルを叩いていますが、ライドやライドのカップなどでも構いません。

フロア・タムを刻んだパターンでフット・オープン・クローズ ▶▶ Track 79

- 左足でフット・オープン・クローズを踏みながら、右手でフロア・タムを刻むリズム・パターンを叩いてみましょう。コンビネーションが難しい場合は、まずは両足の動きのみを練習すると良いでしょう。

column 4

ヒール&トゥ奏法

　ツーバスやツイン・ペダルの奏法で、左足でハイハットのペダルとフット・ペダルを同時に踏み、ふたつの音を同時に出す方法があります。左足を斜めにペダルに乗せ、つま先とかかとでふたつのペダルを踏む方法（**写真①**、**②**）をヒール&トゥ奏法と呼びます。また、両方のペダルの間に足を乗せて、親指側と小指側でふたつのペダルを踏む方法（**写真③**）もあります。

①つま先でバス・ドラムのペダル、かかとでハイハット・ペダルを踏むやり方

②つま先でハイハット・ペダル、かかとでバス・ドラムのペダルを踏むやり方

③両方のペダルの中央に足を置いて操作するやり方

第8章
フィルインの中での
フット・コントロール

この章では、バス・ドラムやハイハットを絡めた

フィルインを紹介していきましょう。

こういったフレーズは、作り方に特にセオリーやルールがあるわけではなく、

それこそ無限に考えられます。

ここに挙げたフレーズは、ごく一部の例と考え、

どんどん自分のアイディアを加えてアレンジしたり、

新しいフレーズを作ってみてください。

8分音符の手足のコンビネーション

まずは8分音符の手足のコンビネーション・フィルからやってみましょう。

フットワーク強化トレーニングの項で練習した、手足のコンビネーションを生かして叩きます。音源では、リズム・パターンを1小節叩いたあとにフィルインをプレイしています。

しかし、実際の練習ではパターンを3小節ほど叩いて、トータルで4小節のサイクルで取り組んでみてください。

ロック系の定番　　　▶▶ Track 80

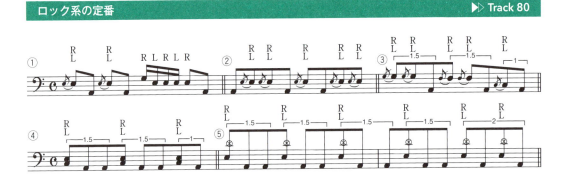

●どれもロック系の定番フィルと呼んで良いものばかり。①は曲の出だしのピックアップ・フィルによく使われるものです。③、④、⑤は、1拍半フレーズとなっています。

第8章　フィルインの中でのフット・コントロール

 16分音符の手足のコンビネーション

　次は16分音符のコンビネーション・フィルインです。
　Track 81～85のフレーズは、譜面の最初に記したA～Lのベーシック・フレーズ（音型）をもとに応用したものです。まずは、このベーシック・フレーズを身体に覚えさせてしまうと良いでしょう。どのフィルインも16分の流れを崩さないように意識してください。

16分音符のコンビネーション① ▶▶ Track 81

● Aの①、②は2拍のフィルイン。④は③の2拍目を手順を変えずに叩く場所をリバースしたような形ですが、これはフィルイン作りの定番的な手法のひとつです。⑤、⑥は、1拍半フレーズになっています。1拍半フレーズは、このあとのフィルインでもたくさん使っているので身体で覚えましょう。
● Bは足のダブルを使ったフィルイン。手足のコンビネーションの定番です。速いテンポでも練習しておきましょう。

16分音符のコンビネーション②　▶▶ Track 82

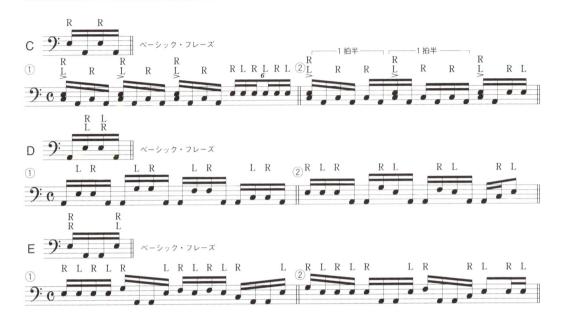

- Cはフロア・タムとバス・ドラムでツーバスのような効果を出すフィルインです。
- Dはサンバ・キックを使ったパターンのフィルインとしても使いやすいです。
- EはDの反対の組み合わせ。独特な16分音符の流れがウネリを生み出します。

16分音符のコンビネーション③　▶▶ Track 83

- Fは16分音符3つをグルーピングした3拍フレーズになっています。これも手足のコンビネーション・フィルの定番。速いテンポで叩くと効果的なフレーズも多いです。

16分音符のコンビネーション④　　▶▷ Track 84

- Gはファンク系の曲でよく使われるフィルインです。
- Hは①、②が1拍半フレーズ。③④は16分音符を5打づつのグループに区切ったフレーズになっています。これはテクニシャン・ドラマー達がよく使う手法で、「16分音符の5つ割り」と呼ばれます。
- Iは16分音符の5つ割りのフレーズに当てはめてみたものです。

16分音符のコンビネーション⑤　　　　　　　　　　　　　▶▶ Track 85

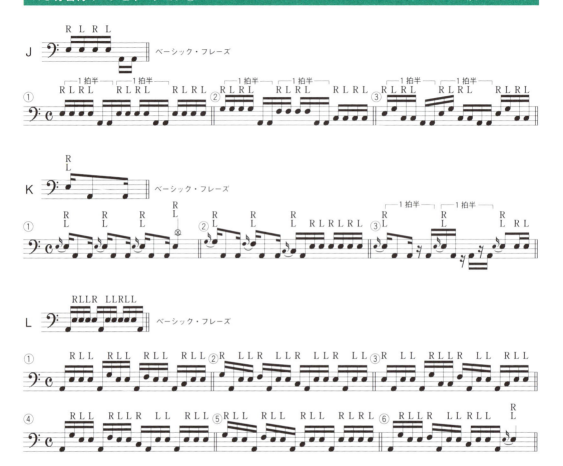

- Jの①から③は同じ音型ですが、叩くパーツを変えると印象も変わります。盛り上がった場面でよく使われるフィルインです。
- Kはフラムとバス・ドラムを使ったロック系によく合うフィルインです。
- Lの①から⑥は、ダブル・ストロークを使った手順とのコンビネーションで変化をつけた型。慣れて自由に使えるようになれば、発展性のある面白いフレーズです。

第8章　フィルインの中でのフット・コントロール

3連、6連系の手足のコンビネーション

3連系のフィルインはシャッフル・パターン（譜例Ⓐ）、6連系のフィルインはシンプルな8ビート（譜例Ⓑ）に合わせて練習しましょう。6連系のフィルは前項の16分音符と同様にA～Gのベーシック・フレーズを応用していて、ドラム・ソロなどに使えるフレーズもたくさんあります。手足の音量バランスに気を付けて練習しましょう。

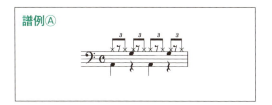

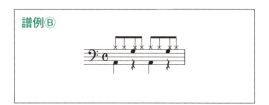

3連符のコンビネーション　▶▶ Track 86

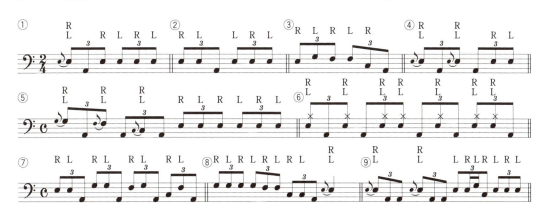

● リズム・パターンからフィルインにかけて、3連符の流れを止めないように常に意識して叩くことが大切です。また、①、②、⑨などは特に手順に注意して練習しましょう。

107

6連符系のコンビネーション①

▶▶ Track 87

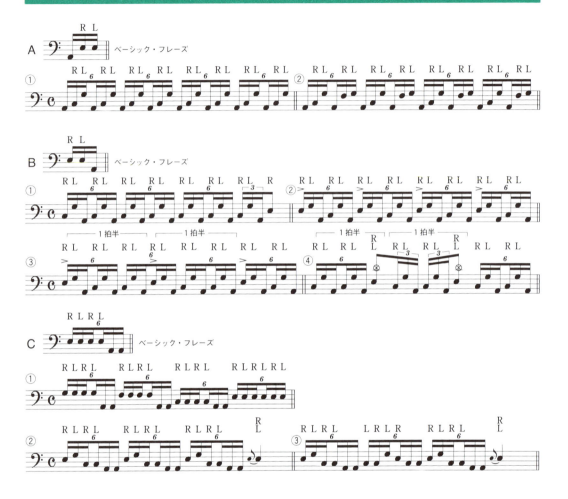

● 6連系のフィルイン。ドラム・ソロなどに使えるフレーズもたくさんあります。手足の音量バランスに気を付けて練習しましょう。

A・B タムやシンバルなど好きな場所を自由に叩けるように練習しておくと、幅が広がるフレーズです。ドラム・ソロの定番ネタでもあります。左手とバス・ドラムの連携をよく意識すると、キレ味が出るでしょう。

C ③の2拍目は、左手からスタートしてフレーズをリバースした型です。

6連符系のコンビネーション②

▶▶ Track 88

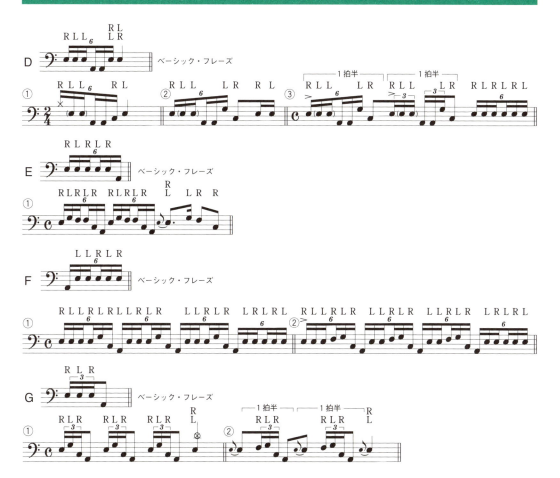

D スティーヴ・ガッドやディヴ・ウェックルなどが流行らせたフレーズ。バス・ドラムの勢いが大切です。
F スティーヴ・ガッドが流行らせたフレーズ。ブレイク時やギター・ソロなどの盛り上げに効果的です。
G ロックのフィルインの定番の音型。フロア・タムとバス・ドラムの音が重なってしまいやすいフレーズです。しっかりと叩き分けられるように、右手の移動を素早くこなすことがポイントとなります。

その他のリズムでのコンビネーション

　ここでは、バス・ドラムを手のアクセントと絡めたり、装飾音符的に使ってリズムに勢いを加えるフィルイン。そして、ハイハット・オープンを使ったものやジャズ系のフィルまで幅広く取り上げていきます。ジャズ系のフレーズは、手足を独立して動かす練習としても効果的ですので、普段ジャズを演奏しない人も積極的にチャレンジして欲しいと思います。

手のアクセントにバス・ドラムを絡める　　▶▶ Track 89

●手のアクセントのフレーズに足を絡めたフィルインです。自分でいろいろとアクセントの位置をランダムに変化させ、実践的に練習すると良いでしょう。

① ・②　手のアクセントとバス・ドラムを同時に叩いて、アクセントを強調するフィルイン。
③　手のアクセントの直前にバス・ドラムを踏み、アクセントに勢いをつけるフィルイン。
④　アクセントの直後にバス・ドラムを踏み、アクセントに勢いをつけるフィルイン。

装飾音符的に使ったバス・ドラム　　▶▶ Track 90

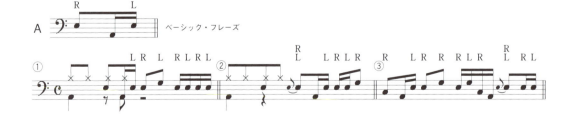

第8章 フィルインの中でのフット・コントロール

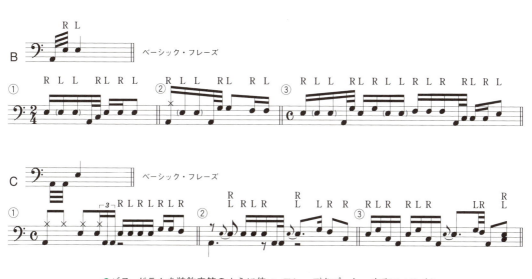

●バス・ドラムを装飾音符のように使い、フレーズをプッシュするフィルイン。

A 8分ウラのバス・ドラムと手の16分音符を絡めて、フレーズをプッシュするフィルインです。
B バス・ドラムと手のコンビネーションで、ドラッグと呼ばれる装飾音を作ってフレーズをプッシュするフィルインです。次の拍のアタマが左手になるので、手順に迷わないように練習して流れに慣れてしまいましょう。
C ①、②はバス・ドラムの連打でドラッグのようにフレーズをプッシュする音型です。スライド奏法などで、勢い良く踏みましょう。③は32分音符のタムを、装飾音符のようにバス・ドラムの直前にを叩いた型。バラードなどのスローテンポにも使いやすいです。

32分音符を絡めたフィルイン① ▶▶ Track 91

●32分音符の手とバス・ドラムを絡めたフレーズです。ロックやフュージョン系など、ジャンルを問わず頻繁に使われる定番フレーズでもあります。バス・ドラムの全体の流れを意識しながら叩くと決まりやすいでしょう。

32分音符を絡めたフィルイン② ▶▶ Track 92

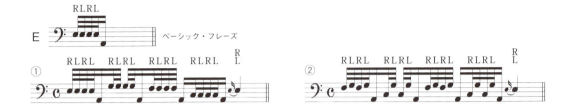

● 手とバス・ドラムを絡めた32分音符のフィルインです。ひとつ前のフレーズと比較して手が一打増えただけですが、ニュアンスはかなり違って聴こえてきます。畳み掛けるような勢いを出しやすいフレーズです。

ハイハット・オープンを使ったフィルイン ▶▶ Track 93

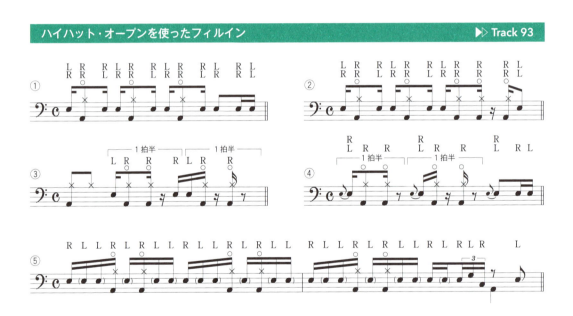

● ハイハット・オープンを絡めたフィルインです。ファンク系の定番ですが、ジャンルを問わずに使うことが出来ます。ハイハットはヒール・アップ奏法で踏んだほうがキレの良い音色を得やすいでしょう。

第 8 章　フィルインの中でのフット・コントロール

クラッシュとバス・ドラムを使ったフィルイン　▶▶ Track 94

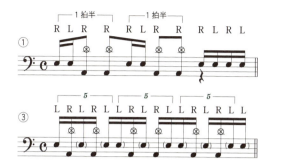

● バス・ドラムとクラッシュ・シンバルを同時に叩いて、アクセントを強調したフィルインです。チャイナ・シンバルなどを叩くとより派手さを演出できるでしょう。

①・②・④は、1拍半フレーズ、③は5つ割りのフレーズになっています。

4ビートのフィルイン

▶▶ Track 95

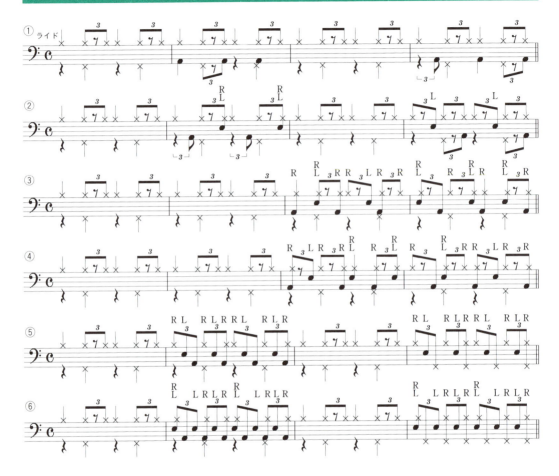

●4ビートのシンバル・レガート時における、バス・ドラムやハイハットを使ったフィルインです。こういったフレーズは、ジャズを演奏しない人にとっても、4ウェイ・インディペンデンス（両手両足を独立させて動かすこと）の効果的なトレーニングになるので、ぜひ挑戦してみてください。バス・ドラムはオープン奏法で踏むと、よりジャズっぽい雰囲気になるでしょう。

① バス・ドラムのみでフィルインです。
② スネアとバス・ドラムでフィルインです。
③・④ スネアとバス・ドラムを絡めた1拍半フレーズのフィルインです。
⑤・⑥ スネアとバス・ドラム、スネアとハイハットを絡めた手足のコンビネーションのフィルインです。
P76㊹〜P77㊴の3連符の手足のコンビネーション・フレーズも、いろいろと当てはめてみましょう。

第9章
フットワークのための
エチュード

この章では、まとめとして

いくつかのエチュード（練習曲）に挑戦してみましょう。

脚だけを使ったものから、

リズム・パターンのものやドラム・ソロ調のものまで、

今までやってきたエクササイズがこなせればできると思います。

日々の練習のウォーミング・アップとしても使ってください。

16分音符のバス・ドラム練習曲

ハイハットとスネアで一定にビートをキープしながら、バス・ドラムをさまざまに変化させるエチュードです。

譜面は1小節ずつパターンが変わっていきますが、2小節または4小節ずつで、ひとつのパターンを叩いていくのも良いでしょう。

▶▶ Track 96

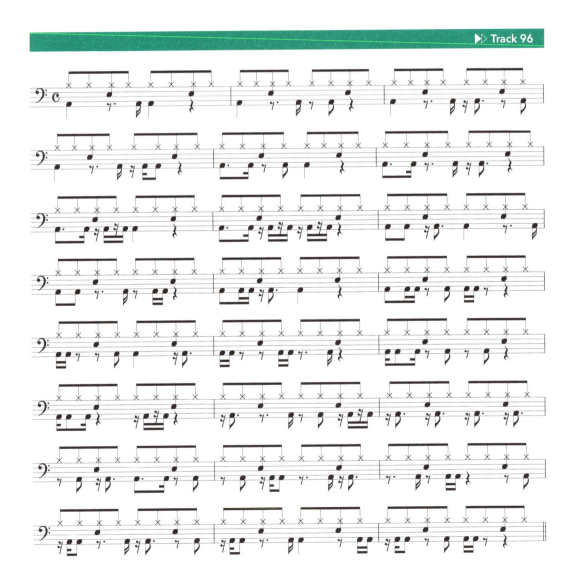

両足のコンビネーション練習曲

　両足のコンビネーションによる、脚だけのエチュードです。

　まずは4小節や8小節ずつ区切って練習してから全体を通してみると良いでしょう。身体の重心を常に意識しながら練習することが大切です。ツーバスやツイン・ペダルで踏んでも良い練習になります。いろいろなテンポでチャレンジしましょう。

▶▷ Track 97

手足のコンビネーション練習曲

右手とバス・ドラムを同時に叩き、左手で間を埋めるエチュードです。右手はハイハットやライド・シンバル、クラッシュ・シンバルなど、さまざまな楽器で試してみましょう。慣れたら手の左右を入れ替えて、左手でシンバルを叩くのも良いトレーニングになります。

▶ Track 98

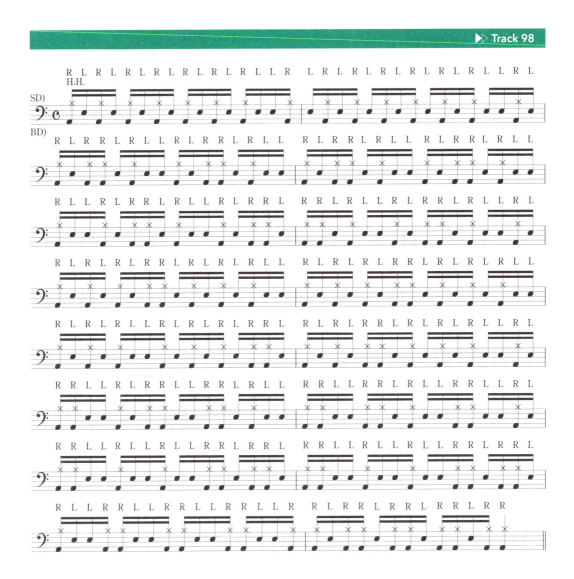

ドラム・ソロ調のフィルイン練習曲

手足のコンビネーションを使ったフィルインを中心とした、ドラム・ソロ風エチュードです。これも部分的に練習してからつなげてみましょう。

音符上に「フィルインの中でのフット・コントロール」の項などで練習した手順を参考に記してありますが、ほかの手順でも叩ければまったく問題ありません。

▶▶ Track 99

column5

ペダルのフット・ボードにひと工夫

▲ガム・テープは布テープを選ぼう

　フット・ボードの表面がすべりやすくて、ペダルが踏みづらいという場合に、フット・ボードにガム・テープを貼ってすべり止めにする方法があります。これは手軽でよく使われる方法ですが、フット・ボードのデザインと靴底の相性が悪くて踏みづらい時にも有効です。逆にスライド奏法を多用するドラマーで、フット・ボードのすべりを良くしたい場合もあります。そのような時にベビー・パウダーをフット・ボードに振りかけたり、ギターの指板や弦にかけるスプレー（フィンガー・イーズなど）を靴に吹き付けるという人も少数派ですが存在します。

column6

イスの三脚の向きにこだわるドラマーもいる

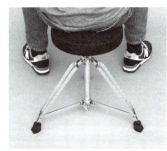

　イスをセットする時の三脚の向きにこだわるドラマーもいます。この時のパターンは大きく分けて2種類で、三脚の1本を前面にセットするタイプと後ろにセットするタイプです。ドラマーによって、バス・ドラムを踏む時（もしくはリズムに乗る動きの時）に前方に勢いを乗せるタイプの人。逆に後方に勢いを乗せるタイプの人もいます。重心をかけた方向に自然に座面も揺れて欲しいのか、逆に重心のかけた方向に座面は揺れずにしっかりと安定も求めるのか、このあたりフィーリングと奏法の違いで三脚の位置の好みも異なるようです。

第10章
筋力エクササイズ&
ストレッチ

この章では、フットワークに有効な筋力エクササイズ、

ストレッチやウォーミング・アップ法を

取り上げていくことにしましょう。

脚や腰というのは疲労がたまりやすく、

大きなケガにつながる場合もあります。

演奏の前後や寝る前、または日々のトレーニングに

こまめに組み込んでやってみてください。

筋力エクササイズ

　ドラムは筋力だけで叩くものではありませんが、やはりある程度の筋力は余裕のある演奏をするためにも大切です。
　ジョギングやウェイト・トレーニングをするのも良いのですが、ここではフットワークの動きに沿ったエクササイズを紹介しましょう。ペダルが踏めない場所で、ペダル・ワークのシミュレーションになるものも多いです。

▶▷ 足首の筋力

　かかとを上下させることによって、足首の筋肉を中心に脚を鍛える運動です。イスに座って行なうパターンと立ち上がって行なうパターンがあります。
　本番前のウォーミング・アップにも、良いでしょう。

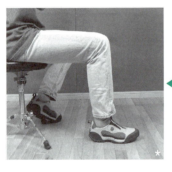

◀イスに座って行なう場合は、つま先が床からあまり離れないようにして、足首を大きく動かすように意識しよう。この動きはヒール・アップ奏法のシミュレーションにもなる

◀立って行なう場合は、段差など利用するとトレーニング効果はよりアップする

▶▶ スネの筋力

イスに座って、足の裏を床に付けた状態から、つま先を上に引き上げて床を叩く練習です。

大きく足首を動かすように意識しながら叩いてみましょう。

ヒール・ダウン奏法のシュミレーションになります。

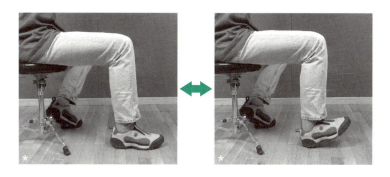

▶▶ 足の指の握力

単純に、足の指を握ったり放したりする運動です。

スポーツ・ニュースで「脚、腰の衰えは、まず、脚の裏で地面を掴む力がなくなることから始まる」という話を聞いて、個人的に始めたトレーニング。足の裏や指の感覚も良くなります。

---

column 7

スプリングはずし

デニス・チェンバースが伝説のジャズ・ドラマー、バディ・リッチに習ったということで有名になったフットワークの練習法です。フット・ペダルのスプリングをはずした状態でペダルを踏み、ヘッドのリバウンドだけでビーターを返して、連打するトレーニングです。

▲踏んだ足首をすぐに戻さなくては、ビーターは止まってしまうため、スネの筋肉を強化するには非常に良い。ヒール・アップでもヒール・ダウンでも、どちらの奏法でも効果がある。素早く連打するには、かなり練習が必要だろう

▶▷ 足首・脚全体の筋力

1 イスに座った状態でかかとを上げます。腿をその位置でキープしたまま、つま先で床を叩きます。上体のバランスが崩れないようにすることが大切です。

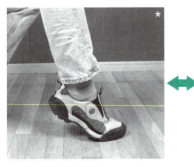 

◀足首の高さが変わらないように注意しながら、つま先だけを上下する

2 前述のイスに座った状態のかかと上げと、スネの筋力を鍛えるエクササイズを混ぜたトレーニングです。ダウン・アップ奏法のシミュレーションになります。

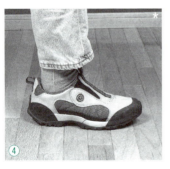 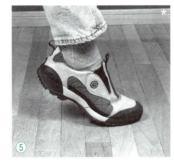

① かかとを上げた状態から、かかとを下ろす
② 力を抜いて、足の裏全体が床に着いた状態になる（ここが大切）
③ つま先を引き上げる
④ つま先で床を叩く
⑤ そのままかかとを上げる
⑥ 最初（①）に戻って繰り返す

第 10 章　筋力エクササイズ&ストレッチ

② ストレッチ

　演奏前のウォーミング・アップだけではなく、演奏後のクール・ダウンとして行なうのも、疲労を残さないために効果的です。
　決して無理せず、軽く伸びているくらい（痛みがないくらい）の強さで、じっくりと行なうのがポイント。
　何をするにも、身体は柔らかいほうが良いです。

［前屈］

▲腰や膝の裏側を中心に伸ばす運動。反動をつけずに無理をしないでゆっくり伸ばそう。腰痛の予防にも良い

［スネ筋伸ばし］

▲スネの筋肉を中心に太腿の筋肉まで伸ばす運動。ヒール・ダウン奏法などで、スネの筋肉が痛くなった時にやると効果的

［アキレス腱伸ばし］

▲学校の体育の授業でもよく行なう運動。これも反動をつけずに、じっくりとアキレス腱やふくらはぎの筋肉を伸ばすようにしよう

［腰伸ばし］

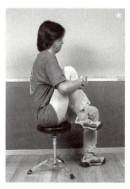

◀背筋を伸ばした状態で、太腿が胸につくように腕で引き寄せてくる運動。練習の合間や、脚や腰が疲れた時に良い

［足首伸ばし］

◀足首の柔軟性を高める運動。かかとが地面から浮き上がらないようにすることが大切だ。体重をそれぞれの脚へ交互に乗せるようにするのも効果的

column8

バス・ドラムの音作り

●バス・ドラムの音作り（フロント・ヘッド編）

　バス・ドラムのフロント・ヘッドには、丸い穴が空けられているものが多くあります。これは1970年代に、タイトでアタック重視の音を録るため、フロント・ヘッドを外してバス・ドラムの中にマイクを突っ込んだことから始まっています。穴の大きさや位置は特に決まりがあるわけではありませんが、直径が6インチ〜14インチくらいのものが一般的です。穴が大きく、中心に近い位置に空けられているものほど余韻が少なくなります（図参照）。

　ジャズ・ドラマーのように音の余韻を大切にする場合は、穴を空けないことも多いです。最近では初めから穴の空いたヘッドや穴を開けるためのグッズも市販されていますが、自分で加工する場合は手頃な大きさの丸いもの（タムなど）で型を取り、カッターで注意深く切り取ると良いでしょう。ただし、この時に切り口にキズが付いていると、バス・ドラムを踏んでいるうちにフロント・ヘッドが破れてしまうことがあるので注意が必要です。紙ヤスリなどで切り口をきれいに整えておきましょう。

▲余韻が少ない　▲余韻がやや少ない　▲余韻が残りやすい

●バス・ドラムの音作り（アタック音や重い音を作る）

　さらにアタック音を強調して輪郭のはっきりした音色にしたい場合、打面のビーターが当たる部分に"バス・ドラム・パッチ"などと呼ばれるアイテムを貼る方法があります。さまざまな大きさや固さのものが市販されているので、好みに応じて選ぶと良いでしょう。これを貼るとヘッドの耐久性が増すという効果もあります。またビーターの当たる部分にガム・テープを貼るだけでも似たような効果を得ることが可能ですが、木製や樹脂製のビーターを使用する場合は、ガム・テープがすぐに削れて粘着成分が表面に出てきやすいので注意が必要です。もっと重く締まった音色にしたい場合、バス・ドラムの中にウェイトを置くという方法があります。これもドラム・メーカーから専用のものが市販されていますが、ダンベルなどでも代用可能。重さとしては4kg程度あれば充分でしょう。

◀バス・ドラム用パッチ

◀ドラム専用のウエイト

あとがき

　この本を購入して練習してくださった皆様、本当にありがとうございます！本書は2002年に発売された教則本「まるごとドラム・フット・ワーク」に新たな解説などを加えて改定復刻した内容となっています。以下にその当時の"あとがき"を転載いたします。

「楽器を演奏する人は、誰でも自分のテクニックに満足しないものです。特にドラマーにとって、フット・ワークというものは大きな壁と言えます。筆者も今回の教則本を執筆する過程において、改めてフット・ワークの難しさを再認識しました。そして、強く感じたことは、やはり上達するにはひたすら踏み続けるしかないということ。そういった意味でこの本は、私にとっても良い教則本となりそうです。課題のテンポを変えたり、いろいろと応用を加えれば一生使えそうな気もします。この本を買ってくださったみなさんも、自分のレヴェルに合わせて地道に取り組んでみてください。末永くみなさんのテクニック向上に役立てたら幸いです」

　この文章を執筆した当時から15年以上が経ちましたが、やはり思いは変わりませんでした。相変わらずフットワークは奥が深いと感じる日々であり、"ひたすら踏み続ける"という表現は少し語弊があるかもしれませんが、時間をかけて練習してコツをつかむことが一番大切だと感じます。みなさんも一緒に理想的なフットワークを目指して、階段を一段ずつ登るように地道に頑張っていきましょう！

長野 祐亮

まるごと1冊！
ドラム・フットワーク

長野祐亮 著

2017年11月24日 第1版1刷発行

定価（本体1,900円＋税）
ISBN978-4-8456-3149-0

発行所 ▶ 株式会社リットーミュージック
〒101-0051 東京都千代田区神田神保町一丁目105番地
https://www.rittor-music.co.jp/
発行人 ▶ 古森 優
編集人 ▶ 松本大輔

乱丁・落丁などのお問い合わせ ▶ TEL：03-6837-5017 ／ FAX：03-6837-5023 ／ service @ rittor-music.co.jp
受付時間：10:00-12:00、13:00-17:30（土日、祝祭日、年末年始の休業日を除く）

書店様・販売会社様からのご注文受付 ▶ リットーミュージック受注センター
TEL：048-424-2293 ／ FAX：048-424-2299

本書の内容に関するお問い合わせ先 ▶ info @ rittor-music.co.jp
本書の内容に関するご質問は、Eメールのみでお受けしております。お送りいただくメールの件名に
「まるごと1冊！ ドラム・フットワーク」と記載してお送りください。ご質問の内容によりましては、
しばらく時間をいただくことがございます。なお、電話やFAX、郵便でのご質問、
本書記載内容の範囲を超えるご質問につきましてはお答えできませんので、あらかじめご了承ください。

本書は2002年に発行された『まるごとドラム・フット・ワーク』の内容に
大幅な加筆・改稿を施し、再編集を行ったものです。

編集長 ▶ 小早川実穂子
編集担当 ▶ 内山秀央／石原崇子
デザイン ▶ 石原崇子
撮影 ▶ 星野俊／関川真佐夫（*）

ドラム演奏／フレーズ作成 ▶ 長野祐亮
ドラム演奏（Track 7~9,38,40,54）▶ 犬神明

印刷所 ▶ 共同印刷株式会社
©2017 Rittor Music Inc.
Printed in Japan
本書記事／写真／図版などの無断転載・複製は固くお断りします。
※落丁・乱丁本はお取替えいたします。

JCOPY <（社）出版者著作権管理機構 委託出版物>
本書の無断複写は著作権法上での例外を除き禁じられています。
複写される場合は、そのつど事前に（社）出版者著作権管理機構
（電話 03-3513-6969 、FAX 03-3513-6979 、e-mail: info@jcopy.or.jp）の許諾を得てください。